Edna Souza

LIVRE, RICO E FELIZ

Copyright© 2020 by Literare Books International.
Todos os direitos desta edição são reservados à Literare Books International.

Presidente:
Mauricio Sita

Vice-presidente:
Alessandra Ksenhuck

Capa:
Paulo Gallian

Projeto gráfico e diagramação do miolo:
Gabriel Uchima

Revisão:
Rodrigo Rainho

Diretora de projetos:
Gleide Santos

Diretora executiva:
Julyana Rosa

Gerente de marketing e desenvolvimendo de negócios:
Horacio Corral

Relacionamento com o cliente:
Claudia Pires

Impressão:
Noschang

Dados Internacionais de Catalogação na Publicação (CIP)
(eDOC BRASIL, Belo Horizonte/MG)

S729l   Souza, Edna.
           Livre, rico e feliz / Edna Souza. – São Paulo, SP: Literare Books International, 2020.
           14 x 21 cm

           ISBN 978-65-86939-36-1

           1. Literatura de não-ficção. 2. Corpo e mente. 3. Conduta. 4. Liberdade. I. Título.

           CDD 170.44

Elaborado por Maurício Amormino Júnior – CRB6/2422

Literare Books International Ltda.
Rua Antônio Augusto Covello, 472 – Vila Mariana – São Paulo, SP.
CEP 01550-060
Fone/fax: (0**11) 2659-0968
site: www.literarebooks.com.br
e-mail: contato@literarebooks.com.br

PREFÁCIO

A Professora Maria Edna de Souza, ou simplesmente, a Tia Edna, como é carinhosamente chamada, está intrincada à Educação há algumas décadas. Atua no Morro do São Bento, na cidade de Santos, São Paulo, articulando os campos da experiência da Educação Infantil, por intermédio do cuidar, brincar e educar de 152 (cento e cinquenta e duas) crianças sob sua responsabilidade e em atendimento integral.

Como amigo, posso descrevê-la como um ser humano ímpar, pois diante das adversidades experienciadas, e não foram poucas, conseguiu se reinventar e transpor os revezes, sobrevivendo às crises, com perspicácia e criatividade.

O presente livro trata, justamente, desta faceta da autora, a resiliência, a capacidade de dar a volta por cima, lidando e superando as dificuldades, transformando fracassos iminentes em *loco* impregnado de saberes – os saberes da experiência. Por essa senda, os saberes da experiência retroalimentam a prática, enredando o conhecimento.

O leitor se identificará com a presente produção, pois esta trata da vida como ela é e que segue o seu curso natural. Aos sujeitos, a vida apresenta duas opções: desistir de resistir e voltar ou criar sítios de resistências e, mesmo diante das intempéries, prosseguir.

As elocuções evidenciadas nesta obra, por incursões da vida cotidiana, estão repletas de saberes, sabores, gostos, odores, memórias afetivas, sensações táteis cinestésicas, propriocepções, percepções, movimentos, representações, marcas e experiências significativas. Então, vambora, iniciemos a fruição, pela leitura, pois enquanto o mundo está socialmente recolhido, podemos navegar, enovelando conhecimentos.

Santos, 26 de maio de 2020.

Prof. Me. Enéas Machado Doutorando em Educação (UNISANTOS) Bolsista CAPES

SUMÁRIO

Capítulo 1
Início da jornada - A partida de Santos a Tui..........7

Capítulo 2
A beleza dos bosques - De Tui a Pontevedra..........27

Capítulo 3
Rumo a Caldas de Reis - De Caldas a Padrón 55

Capítulo 4
Estrada para Milladoiro - E a chegada a Santiago..........81

Sobre a autora
Maria Edna de Souza..103

Capítulo 1

Início da jornada

A partida de Santos a Tui

"A grande finalidade da vida não é o conhecimento, mas a ação."
(Thomas Henry Huxley)

Ao longo dos anos, aprendi que a palavra poder é muito emocional. Causa reações de formas e conotações diversas. Para mim, poder é possuir a arte de produzir resultados a partir do que se deseja, e dentro do mesmo processo criar valores a outros. Aprendi, ainda, que o poder deve ser partilhado, e nunca imposto.

O poder é a habilidade de mudar qualquer coisa, mas, sobretudo, de mudar a própria vida, por meio das percepções. É, por si, deixar que toda a sua programação mental trabalhe de forma positiva a seu favor e nunca contra você.

A habilidade de planejar e agir é um dom que as pessoas bem-sucedidas têm em relação às pessoas comuns. Em suma, poder é absolutamente igual a agir, assim como agir é absolutamente igual a resultados.

O objetivo dos meus relatos é simples, eu fiz o que milhões de pessoas no mundo sonham fazer. Elas querem, com certeza, percorrer um "Caminho" que simbolize o caminho interno de suas mentes, o que chamamos de "eu interior". A busca, muitas vezes, é por entrar no desconhecido de si. Razão pela qual muitas buscam o "Caminho de Santiago de Compostela". Nas páginas seguintes, você verá que a caminhada exigirá ação, e o seu desafio será chegar ao destino. Entenderá que o destino será a sua meta e que o caminho é composto de beleza, magia, prazer, encantos, aliados aos pressupostos da persistência, da introspecção, do otimismo, do desejo real, da flexibilidade, e, sobretudo, da capacidade de lidar com a frustração. Pois, no meio de todo e qualquer caminho, seja ele do mundo subjetivo das emoções ou do mundo real das experiências, algo pode sair errado ou dar absolutamente certo. Você encontrará aqui a base que diz: — Se existe no mundo algo que alguém já fez, eu também posso fazer! Isso é verdade! Agora você tem um mapa, que pode melhorá-lo, ou, se preferir, segui-lo como ele está. Você poderá, a partir dele, tomar uma decisão, ou não tomar uma decisão. Ambas as atitudes são decisões!

Eis aqui, "eu", as minhas ações, as minhas experiências e os meus resultados...

"Eu sou a única responsável por criar as experiências da minha vida."
(Edna Souza, 2020)

Oito de março, manhã de sol radiante. Acordei feliz e entusiasmada. Aquele não era apenas mais um dia. Era o dia em que se cumpria a minha profecia: um dia especial! Eram 7 horas da manhã, quando, com a porta entreaberta, espreitei detalhes do meu lar e agradeci a Deus pelas minhas possibilidades e segui rumo a mais uma realização. Afinal, o Caminho Português de Santiago a Santiago de Compostela, na Espanha, esperava-me pela segunda vez.

> "Quando o mundo gira na chave certa ele é sereno, mas na chave errada ele é assustador. Contudo, não há obstáculo intransponível se você estiver inflado de determinação."
>
> **(Edna Souza, 2020)**

Bem, os noticiários já falavam sobre a pandemia e seus efeitos caóticos no ocidente e em países europeus. Como sendo uma pessoa extremamente orientada interiormente, não dei importância para os fatos narrados e quiçá avolumados pela mídia televisiva e redes sociais. Fato é que deixei o Brasil ainda sem relatos de casos da pandemia no país.

O grupo e eu tínhamos um planejamento e tudo o que queríamos, naquele momento, era cumpri-lo.

Agradecendo pela oportunidade naquela manhã de sol reluzente, dirigi-me em direção à Padaria Roxy, do outro lado da rua, para o meu último café da manhã em Santos (antes da viagem). Ali, encontrei o grupo que faria a viagem comigo. Éramos quatro, e seguiríamos juntos rumo àquela aventura.

Bem, vamos aos relatos referentes ao dia 8 de março de 2020.

Depois do café, por volta das 8 horas, pegamos um Uber para chegar à rodoviária de Santos. Às 9 horas, tomamos um ônibus para o Aeroporto Internacional de São Paulo/Guarulhos – Governador André Franco Montoro. O voo estava previsto para as 16h45, chegamos com antecedência, almoçamos no aeroporto com muita tranquilidade. Tinha como destino a Europa, mais especificamente, a cidade do Porto em Portugal. O avião decolou de forma "britânica", no horário previsto. Voamos pela Companhia Air Europa, em uma moderna e confortável aeronave, que nos proporcionou a vantagem de chegarmos uma hora e meia mais cedo ao nosso destino.

Para os que viajam em grupo, é importante o entendimento das regras combinadas entre todos os integrantes, pois a inobservância dessas pode ocasionar um grande transtorno para todos. Estar preparado emocional e fisicamente para lidar com situações adversas é imprescindível para que as experiências advindas do "Caminho", e da viagem como um todo, não percam o seu encanto.

Dia 9 de março do ano em curso, desembarcamos no Aeroporto de Madrid-Barajas, onde fizemos uma escala, com troca de aeronave, rumo à cidade do Porto, o dia estava frio, com 9 graus, diferente de quando deixamos o Brasil com então 29 graus, mas estávamos preparados para aquela temperatura.

A partir da cidade do Porto, dávamos início à nossa aventura. Diante da experiência anterior, preocupei-me com a organização da mochila, por essa razão deixei-a pesando por volta de 6/5 quilos, o restante do grupo estava com suas mochilas oscilando entre 8 e 9 quilos mais ou menos. Estávamos todos bem agasalhados e preparados para dar início a um breve passeio pela cidade do Porto. Assim estando, pegamos um trem na estação do "Aeroporto" até a estação "Casa da Música".

Ali, compramos as passagens de dois dos membros que ainda não tinham adquirido seus tíquetes no Brasil para o transporte até a cidade de Tui, na Espanha. Optamos por Tui como a cidade de partida para percorrer a pé o "Caminho Português", com 117 quilômetros até a Catedral de Santiago de Compostela.

A carta cartográfica: o caminho percorrido pelo grupo.

Na estação "Casa da Música", fomos atendidos por um simpático, gentil e generoso senhor, que atende pelo nome de Antonio. Com ele, conseguimos os tíquetes necessários para viajar pela Alsa Transportes. Estávamos mais tranquilos, pois conseguíamos fazer a viagem todos juntos. Até aquele momento, temíamos que o grupo pudesse viajar separado.

Ali, o Sr. Antonio ofereceu-nos um espaço a seu lado para deixarmos as mochilas, enquanto dávamos uma volta pela cidade do Porto. Parte do grupo já conhecia um pouco da cidade. Eu, particularmente, a visito pela quarta vez e estou sempre a encontrar beleza e poesia. Outra parte estaria pela primeira vez pisando em solo europeu. A velha, saudosa e magnífica Porto recepcionou-nos com sol, brilho e encanto.

Até aqui, tudo estava somente sob os rumores da tão arrebatadora "pandemia", mas tudo ainda funcionava. Saímos da estação "Casa da Música" por volta das 8 horas da manhã, fizemos o trajeto a pé até a "Ribeira", em mais ou menos 15 minutos.

Antes de chegar ao destino, fomos contemplando a beleza da cidade, seus monumentos históricos, sua arquitetura. Ademais, "OPorto", assim também conhecida, é marcada por séculos de história e pelo desenvolvimento industrial. O centro histórico, localizado na "Ribeira", foi construído nos montes em frente ao Rio Douro, e separado pelo mesmo Rio Douro, existem as grandes caves[1] do famoso vinho, o qual deu o seu nome à cidade. Porto é, ainda, a segunda maior cidade de Portugal.

Enquanto andávamos, encantávamo-nos todos. Eu me incluo, pois minha paixão e encanto por essa terra são tão intensos que, sempre que ali estou, parece que a olho pela primeira vez. Pois bem, (...) uma sucessão de encantamentos, experiências sensitivas e mais fascínios avenida afora. Era cedo ainda e em meio à caminhada, na Avenida de Rodrigo Nova Leon, localizamos o "Restaurante e Cafeteria Nova Luanda" onde

---

1 Caves: porão, adega. Fonte: https://www.dicio.com.br/caves/

tomamos o café da manhã. Ali, encontramos pão, café com leite, pastéis de nata, sucos e outras iguarias. Sou louca por pastéis de nata e não resisti à guloseima. O grupo animou-se e também experimentou.

Fomos atendidos por um casal de portugueses simpáticos. Não poderia deixar de destacar a amabilidade, como também não poderei deixar de comentar sobre a conduta nada ortodoxa, por parte do casal que, enquanto cortava o pão em cima de um balcão para depois passar manteiga, cobrava de outros consumidores no caixa, manipulando moedas e cédulas, e em seguida voltava para o pão. Lavar as mãos, nem pensar!

Ali, na cafeteria, estava uma professora com quem trocamos algumas palavras acerca da gramática, ou seja, sobre a grande tragédia que acontecera com a língua portuguesa nos dois continentes.

Porto – Restaurante e Cafeteria Nova Luanda.

Destarte, saímos dali e seguimos "descidas abaixo" afinal, a Ribeira situa-se no nível do Douro. Era uma oportunidade única e especial para os novos membros do grupo, conhecer toda beleza e magia proporcionada por aquele cenário exuberante e tão especial, assim como é para turistas de todo o mundo.

O tempo foi razoável para apreciar e fotografar. Andamos pelo calçadão da Ribeira, contemplamos o Douro e a bela vista de Vila Nova de Gaia, conduzidos por seu cenário a partir da outra margem do rio. Fotografamos a Ponte Dom Luiz, um dos mais belos cartões postais da cidade, que liga Porto e Vila Nova de Gaia.

Trecho do caminho até a Ribeira, vista de Vila Nova de Gaia às margens do D'Ouro e descida para a Ribeira com a Ponte Luiz I ao fundo.

Em meio à tanta beleza e harmonia, o nosso tempo terminara. Subimos, então, até a estação "São Bento", e ali tomamos um táxi de volta até a estação "Casa da Música". Pagamos por essa corrida 7 euros, cerca de, mais ou menos, 38,5 reais no sistema monetário brasileiro à época.

Voltamos à estação uma hora antes do previsto, pois nenhum de nós atentou-se à diferença de fuso-horário, entre Portugal e Espanha. Os nossos relógios estavam todos alinhados com os horários de Madrid, Espanha. Lastimamos, mas não evitamos investir uma hora de passeio na esplendorosa cidade do Porto.

Enquanto aguardávamos o ônibus, na estação, tomamos café e comemos empanados típicos da região. Gostaríamos de ter comido o tradicional prato da região "tripas [2]", uma espécie de "dobradinha" aqui no Brasil e tão pedida por turistas de todo o mundo por lá. Mas o nosso pouco tempo não permitiu.

Às 13 horas, tomamos o ônibus, ou "autocarro", e seguimos rumo a Tui, cidade espanhola, situada na região da Galícia e que faz fronteira com Portugal.

Tivemos um pequeno atraso na viagem. A condutora do ônibus saiu da rota, o que motivou um bate-boca entre os passageiros, causando certo estresse para todos e, principalmente, para a própria condutora. Foram mais ou menos três horas de viagem da estação até a entrada na cidade destino.

Ao deixarmos o ônibus, fomos direto à loja de conveniência do posto de combustível que fica na entrada da cidade. Ali, tomamos café, usamos a toalete e também conseguimos um sinal de *wi-fi*

---

[2] Tripas à moda do Porto é um prato tradicional nascido na cidade do Porto e que, segundo uma lenda, remonta ao período dos Descobrimentos portugueses. O prato é confeccionado com vários tipos de carne, tripas, enchidos e feijão branco. Este prato foi um dos candidatos finalistas às 7 Maravilhas da Gastronomia portuguesa. Fonte: https://pt.wikipedia.org/wiki/Tripas_à_moda_do_Porto.

para nos localizar. Em instantes deixamos o local, chegara a hora de subir morro acima. Diferentemente da maioria dos morros no Brasil, as subidas dali são regadas à história, valorização da cultura, da tradição e cuidado.

Fazia uma linda tarde. O sol resplandecia por entre as paisagens. Enquanto subíamos, apreciávamos, fotografávamos e vibrávamos, numa sensação de êxtase que mobilizava todo o grupo. Parecia que estávamos entrando em uma pintura épica: o colorido das borboletas, o canto dos pássaros, as mais variadas espécies de flores, os monumentos seculares, as pitorescas árvores "robôs americanos", e a encantadora vista do Rio Minho que margeia a fronteira entre Portugal e Espanha.

A imagem era a de um quadro: uma pintura na qual tivemos o privilégio de adentrar usando os nossos sentidos, uma experiência sensorial multidimensional. A minha escrita não consegue alcançar a rara beleza do lugar e o vocabulário é parco para descrevê-la.

"Quando você for capaz de encontrar beleza no seu mundo interior, estará preparado para enxergar e viver as belezas do mundo exterior."
(Edna Souza, 2020)

Tuy ou Tui, como é conhecido na cidade galega de Pontevedra, é o lar de uma das mais famosas catedrais da Galícia, a Catedral de Santa Maria de Tui. Tive a oportunidade de visitá-la em 2018, o que lamentavelmente não foi possível nessa viagem. Contudo, cabe dizer que esta catedral é um dos primeiros monumentos que você deve visitar em Tui. Ela é notável pela verossimilhança com uma fortaleza medieval, ladeada por torres e passagens no seu interior. Fica a dica!

Às 16 horas, depois de contemplar tamanha beleza, enfim chegamos ao Albergue Villa San Clemente, onde o grupo foi recepcionado por um espanhol amável, sorridente e comunicativo, que atende por Manolo. Aquele Hostel conta um pouco da história da cidade, até poucos anos eram guardados ali os restos mortais de San Clemente, tendo sido removidos para a Igreja Catedral da cidade.

Essa foi a segunda vez que estive hospedada neste Hostel: aconchegante, limpo, bem cuidado, bonito e, sobretudo, administrado por uma pessoa extraordinária. Fomos conduzidos às nossas suítes. Os aquecedores já estavam ligados para que tivéssemos uma noite confortável. Não podíamos perder tempo, deixamos as mochilas e saímos para apresentar, a outra parte do grupo, um pouco das belezas de Tui.

Tui – Albergue Villa San Clemente.

Livre, rico e feliz

Curtimos o pôr do sol às margens do Minho, onde encontram-se parques infantis, marinas, áreas de pesca, e uma gigante passarela de madeira que leva o transeunte da cidade de Tui até Valença, por vezes chamada de Valença do Minho.

É uma cidade raiana[3] portuguesa no distrito de Viana do Castelo, região Norte e sub-região do Alto Minho. De uma forma mais ampla, a raia é igualmente o espaço geográfico, de um e de outro lado da fronteira política, em que as populações partilham elementos históricos, linguísticos, culturais e econômicos.

No centro de Tui há um pequeno bonde que sai a cada 30 minutos levando turistas de uma cidade a outra, movimentando o setor turístico de ambas as cidades.

Em meio a tantas belezas, percorremos um pequeno trecho, fotografamos e encontramos crianças, jovens e adultos fazendo caminhada. Além da necessidade do registro daqueles momentos únicos, sentíamos também o desejo de saber como aquelas pessoas se sentiam em relação àquele paraíso em que viviam.

Bem, eu não sei mesmo como elas se sentiam, imagino apenas que possuem um pedacinho do paraíso. Acredito que cada um de nós carregará nas lembranças o que sentimos naqueles mágicos momentos do cair da tarde do dia 9 de março de 2020.

A noite se aproximava, então decidimos partir para o outro lado da cidade. Queríamos conhecer e contemplar um pouco mais o lugar, saímos então para explorar, dentro do tempo que fosse possível, e prosseguir até o jantar.

---

3 Zona fronteiriça.
Fonte: https://pt.wikipedia.org/wiki/Fronteira_Espanha-Portugal.

Divisa da Espanha e Portugal – Desde Tui às margens do "Rio Minho".

Tui – A grande passarela de madeira às margens do "Rio Minho".

Andamos por uma avenida linda, larga, com um pouco de aclive, toda em pedras grandes e com brilho, repleta de árvores "robôs americanos" em ambos os lados. Nessa época de inverno, elas não têm folhas, nem flores e fazem da rua um verdadeiro cenário do filme Harry Potter. Eu, particularmente, me deslumbro a cada vez que posso contemplá-las. Minha paixão pela cidade nasceu quando, por acaso, tive a oportunidade de me hospedar ali por alguns dias.

Tui – A beleza noturna, as famosas "árvores robôs" e um fim de tarde às margens do "Rio Minho".

Quanto aos companheiros de aventura, segundo eles, a sensação era de estar vislumbrando uma pintura de rara beleza.

Terminando aquele momento de êxtase, sugeri que fôssemos a um velho e bom restaurante, no centro da cidade, o "Santa Columba Bocateria".

Estávamos com muita fome, aquele seria nosso almoço e jantar, então cada um, a seu modo, pediu a sua refeição preferida.

Eu pedi ternera[4] de boi com batatas e saladas, um suco e, por último, um café. Os demais membros do grupo levavam mais tempo para decidir sobre os seus pratos. Era uma tremenda indecisão diante de tantas opções deliciosas. No final, tudo ficava bem.

4 Filete de carne, vitela.
Fonte: https://dict.woxikon.com.br/pt-es/ternera.

O restaurante é bem tradicional em Tui, tem uma carta bem variada e serve pratos combinados, sanduíches, queijos, hambúrgueres, saladas e porções, tem uma carta bem variada. Ambiente aconchegante e atendimento ímpar. Sempre que visito a cidade, faço questão de prestigiar a casa e, por gostar muito dela, a recomendo.

Tui – "Santa Columba Bocateria" – Um cardápio farto e apresentável.

Perceba que aquele era o nosso primeiro dia de viagem, depois de todos alimentados, seguimos explorando a cidade. Entramos no "Café Ideas Peregrinas", um lugar gracioso e aprazível, atendimento fantástico. Os proprietários, um casal, com no máximo 25 anos de idade, em perfeita sintonia com seu ofício. Conversamos, exploramos a loja, e tomamos um delicioso chocolate quente. Vale a pena fazer uma visita.

Tui - Café Ideas Peregrinas.

    A temperatura caíra consideravelmente em Tui. Era chegado o momento de voltarmos ao Hostel. O dia se encerrou com banhos relaxantes, e uma noite de sono reparador.

    Na manhã seguinte, começamos o dia com ruídos na comunicação. Acordei às 5 horas da manhã e achei que, de acordo com os combinados na noite anterior, todos estivessem acordados e preparados para dar início às atividades do dia. Aquele seria o nosso começo de caminhada, como peregrinos. Como ouvi passos, e certa movimentação no banheiro, deduzi que todos estivessem se preparando. Então, não me preocupei com o grupo.

Às 8 horas, bati à porta do quarto ocupado pelo grupo e, para minha surpresa, estavam acordando naquele instante. Desculpas à parte, tudo ficou bem. Lá pelas 9h50 conseguimos sair do Hostel. Partimos em busca da casa de café que eu ainda tinha guardada na memória, referência da viagem anterior. Uma pena, aquela casa de café estava fechada devido a férias coletivas. Tivemos que pensar em outra alternativa.

Do outro lado da rua havia o "Bíper Cafés e Bocados", uma padaria super bacana. Tomamos um café simples e pedimos os selos[5] para as nossas credenciais. Café com leite, pão com manteiga, pagamos 4,80 euros, uma média de 26,4 reais, no sistema monetário brasileiro. A temperatura era de 9 graus, o sol despontava, e o estresse, necessário para conferir mais emoção à viagem cultural, também. E, com eles, chegava o tão esperado momento. Mochilas nas costas e ali começava, de fato, o "Caminho" em direção a "Santiago de Compostela[6]". A ordem era seguir as setas, pois elas apontavam o nosso destino.

[5] A Credencial Filatélica, que inclui 15 selos de CORREOS, todos com o símbolo da concha do peregrino, destaca 14 etapas emblemáticas do Caminho Francês, a partir de Roncesvalles, passando por Pamplona, Burgos, León, Astorga, Ponferrada, O Cebreiro... até chegar a Santiago. Tal como a credencial oficial, esta credencial pode encontrar-se em Albergues, Associações de Amigos do Caminho, Paróquias... e o nos Postos de CORREOS que se encontram ao longo do Caminho Francês. Além disso, nos Postos de Correios das localidades que escolhemos para colocar um carimbo na credencial, temos carimbos turísticos que representam a grande riqueza arquitetônica desses lugares. Fonte: https://www.elcaminoconcorreos.com/pt/carimbos-credencial.

[6] Santiago de Compostela (ou São Tiago de Compostela em português) é uma cidade e município (concello em galego) no noroeste de Espanha. É capital da comunidade autônoma da Galícia e faz parte da província da Corunha e da comarca de Santiago. O município tem 220 km^2 de área e em 2016 tinha 95 966 habitantes (densidade: 436,2 hab./km^2). É uma cidade internacionalmente famosa como um dos destinos de peregrinação cristã mais importantes do mundo, cuja popularidade possivelmente só é superada por Roma e Jerusalém. Ligada a esta tradição, que remonta à fundação da cidade no século IX, destaca-se a catedral de Santiago de fachada barroca, que alberga o túmulo de Santiago Maior, um dos apóstolos de Jesus Cristo. A visita a esse túmulo marca o fim da peregrinação, cujos percursos, os chamados Caminhos de Santiago ou Via Láctea, se estendem por toda a Europa Ocidental ao longo de milhares de quilômetros. Desde 1985 que o seu centro histórico (cidade velha) está incluído na lista do Patrimônio Mundial da UNESCO. Em 1993 foi também incluído nessa lista o Caminho de Santiago, que já tinha sido classificado como o primeiro itinerário cultural europeu pelo Conselho da Europa em 1987. Foi uma das capitais europeias da cultura em 2000. Situa-se 70 km a sul da Corunha, 65 km a norte de Pontevedra, 100 km a noroeste de Ourense e 115 km a norte da fronteira portuguesa de Valença. Como capital da Galícia, ali está sediado o governo (Junta da Galícia) e o parlamento regionais galegos. É também uma importante cidade universitária, pela sua universidade, fundada em 1495 e que no ano letivo de 2011-2012 tinha mais de 28 000 alunos inscritos e no ano anterior tinha 2 164 docentes. Fonte: https://pt.wikipedia.org/wiki/Santiago_de_Compostela.

Livre, rico e feliz

Início da Caminhada em Tui.

Capítulo 2
A beleza dos bosques
De Tui a Pontevedra

Edna Souza

"Pensava que nós seguíamos caminhos já feitos, mas parece que não os há. O nosso ir faz o caminho."
(C.S.Lewis)

A saída de Tui nos conduzia a uma verdadeira viagem por entre bosques. O verde aparecia nos seus mais variados tons, os rios eram de correntezas mansas, os sons do vento nas árvores, a brisa fria em nossas faces, o canto dos pássaros, a beleza das árvores frondosas e os sons das nossas pisadas sobre o chão de rípio (uma espécie de pedra miúda utilizada na construção de estradas), faziam uma verdadeira e harmoniosa sincronização com a natureza, o que nos fez sentir como se estivéssemos entrando em um pedacinho do céu.

Aquele foi um dos momentos em que a imaginação fez uso de todos os nossos sentidos, as emoções afloravam diante de tanta beleza. Tudo era mágico aos olhos!

O corpo ainda não reclamava, estávamos tomados pelas fortes emoções. A nossa fisiologia vibrava diante dos recursos naturais apresentados pelo Criador. O momento estava restrito a contemplações.

Com os olhos do coração, posso afirmar que a beleza vista e a paz encontrada durante aquele trajeto é algo fascinante e que remete à ideia de estar transcendendo a outra dimensão.

Livre, rico e feliz

    Em 2018, quando fiz o caminho, levei para casa algumas pedras do rio. Dessa vez, as devolvi à fonte criadora. Com gratidão e respeito, deixei-as lá. No momento, agradeci a Deus a oportunidade que me foi concedida de retornar ao lugar. O caminho é extraordinário, independentemente da presença de chuva, do céu encoberto ou do sol.

    No ano de 2018, fiz os mesmos 117 quilômetros a pé e o tempo não me deu moleza. Choveu todos os dias! Em 2020, pude ver o caminho por outra perspectiva. A gratidão gravitava a cada minuto, por estar apreciando toda aquela beleza adornada por lindos raios de sol. O frio foi constante por todo o trajeto, mas o sol nos recompensou. Nos últimos trechos, a chuva deu o ar da graça, contudo, prossigo contando sobre os fascínios existentes entre Tui e Porriño, a nossa próxima parada.

As belezas do "caminho" entre Tui e Porriño.

Fizemos a primeira parada para lanchar em Pontes das Febres, ainda na província de Tui. Ali, encontramos o aconchegante "The Camino Bar", onde conhecemos a simpática Monteserrate a "Mon", como gosta de ser chamada.

A Mon nos recepcionou com um largo sorriso e boa prosa. Pedimos café, *croissants*, sucos, água e frutas. Enquanto os comes e bebes eram apreciados, aproveitávamos para conectar ao *wi-fi* e nos localizar. Usamos os banhos e contemplamos a beleza do lugar.

Tudo é extremamente confortável e mantém toda infraestrutura necessária para os peregrinos. Um espaço funcional no meio do "tudo". Muita gratidão pelo respeito e carinho ao peregrino.

Ponte das Febres "The Camino Bar".

A título de informação, Pontes das Febres é uma ponte situada na Senda da Pedra Santa, em meio à natureza, local muito agradável, junto à cruz de San Telmo. O Caminho Português leva você até lá.

Seguimos caminho adentro, em meio a indescritíveis formosuras... Depois de andarmos alguns quilômetros, encontramos uma velha e boa parada improvisada com barril e tampo de madeira, troncos de árvores como assentos e bancos e, para completar, uma velha máquina automática abastecida com alimentos, água, sucos etc.

Valeu o descanso! Tomamos água, comemos doces, fizemos uma farra. Ocorre que a máquina começou a não devolver o troco, o bastante para colocar a turma a andar. Seguimos por mais alguns quilômetros, aproveitando para curtir toda beleza e magia que o caminho proporcionaria.

A natureza que fala entre Porriño e Redondela.

Edna Souza

Peregrinos – E a natureza que fala entre Porriño e Redondela.

Enfim, chegamos à entrada de Porriño, até aqui percorremos 13 quilômetros. Muito cansados, paramos na "Cafeteria J.J.", situada na entrada da cidade onde fomos recepcionados por uma simpática jovem.

Naquela acolhedora parada, pedimos café, doces, salgados, e a jovem serviu-nos, ainda como cortesia ao peregrino, um lindo prato de sopa de lentilhas guisadas com linguiça e bacon, acompanhado de pão, uma iguaria maravilhosa. Aproveitamos para usar o banho, fazer umas poucas fotos e usar o *wi-fi* para localizar-nos.

A mais ou menos três quilômetros dali, no centro da cidade, ficava o Albergue Municipal. Então, partimos para completar o último trecho do dia. Por volta das 16 horas, chegamos ao Albergue de Porriño. Ali, pagamos 8 euros por pessoa, o equivalente a 44 reais no sistema monetário brasileiro à época.

Para não incomodar os demais peregrinos, é importante priorizar o banho e depois sair para jantar. Assim, ao retornar, respeitará o descanso dos outros. Vale lembrar que os albergues estabelecem horário de entrada e saída.

A saída para todos os peregrinos é às 8 horas da manhã, impreterivelmente. A cidade conta com muitos albergues privados, mas optamos pelo público, que é incontestavelmente muito bom. Atende muito bem os ditames de higiene, demonstrando cuidados, organização, conforto e apresentação.

Esse albergue em especial conta com uma arquitetura moderna e muito bonita. O que se traduz em harmonia perfeita. Detalhe para os internautas de plantão, para usar o *wi-fi* é preciso fazer *login* de confirmação por SMS e, para isso, você deverá ter um *chip* local ou deixar a sua linha em *roaming* internacional.

A noite estava bastante fria e a temperatura caía drasticamente, mesmo assim, fomos à procura de um lugar para comer.

Não por coincidência, fomos exatamente ao mesmo lugar em que estive em 2018. Restaurante "Paso a Nivel", a mais ou menos quatro quadras do albergue, bem no centro da cidade.

Depois de um dia intenso, merecíamos algo forte e saboroso, então pedimos a melhor "Costela de Ternera" de todos os tempos, regada a batatas e salada verde. Tomamos a velha e tradicional Coca-Cola KS, aquela foi para matar saudade dos velhos tempos no outro lado do Atlântico.

Naquele restaurante, contamos com bom atendimento, preço justo, qualidade na alimentação servida e ambiente agradável para um bom bate-papo e algumas fotos para recordação daquele momento tão especial.

Depois de algum tempo de conversa e diversão, voltamos ao albergue. Os peregrinos já descansavam em seus lugares, e em total silêncio. Resolvemos carregar os telefones móveis e dar um tempo na parte de fora do ambiente de dormir. Sentados no chão, aguardávamos o carregamento dos equipamentos necessários para a jornada do dia seguinte.

Após o carregamento, todos nos dirigimos às camas. Eu dormi, maravilhosamente bem, "o sono dos justos". Pela ausência de reclamação no dia seguinte, presumi que todos tenham passado bem naquela noite.

A título de conhecimento, vale ressaltar que nesse município encontram-se abundantes vestígios do Período Paleolítico e da Idade do Bronze, especialmente na Paróquia de San Salvador de Budiño, o que evidencia uma ocupação humana muito antiga naquela região. Conta a história que, entre os séculos VIII e III a.C., a Península Ibérica era povoada por diferentes povos que viviam em plena Idade do Ferro.

Na atualidade, o município é constituído por oito paróquias e 114 povoações. Situa-se 15 quilômetros ao norte de Tui e da fronteira portuguesa, 7 quilômetros a sul de Mos e cerca de 15 quilômetros a sudeste de Vigo (distâncias por estrada). Encantos do caminho!

"Para cada esforço disciplinado, há múltiplas recompensas."
(Jim Rohn)

Era 11 de março de 2020, estávamos todos preparados para o segundo dia de caminhada, partiríamos de Porriño com destino a Redondela. O dia estava lindo e com a temperatura de oito graus.

Saímos às 8 horas do Albergue e fomos ao "Paso a Nivel", para tomar café. Os períodos matutino e vespertino se contrastavam, pois o atendimento ocorria em 100% à noite, em face da inexistência de atendimento pela manhã. Não sei se por motivo do alarde do tão famigerado "novo coronavírus", ou não.

A atendente do "Paso a Nivel" parecia desnorteada e confusa com os nossos pedidos. Por fim, concluímos que o café da manhã servido na referida cafeteria não foi um dos melhores pela inabilidade da anfitriã.

Contudo, vale ressaltar que essa casa dispensa comentários no atendimento ao peregrino, fundada em 1926, é uma referência na cidade e apreciada por milhares de peregrinos que por ali passam. Já havíamos percorrido 16 quilômetros desde Tui. Vamos agora para mais um trecho do caminho.

A beleza do caminho é inebriante: tão linda e misteriosa. Os raios de sol amenizavam o frio intenso daquela manhã.

As subidas íngremes e intermináveis exigiam disposição.

Meu corpo transpirava, chegara a hora de tirar, luva, echarpe, gorro e deixar que a brisa fria aliviasse o calor produzido pelo esforço contínuo da caminhada. A sensação de gelo na face e nas mãos potencializava o meu ritmo e o ritmo do grupo.

Trechos do "Caminho" entre Porriño e Redondela – "Encantos para saltar aos olhos".

O percurso pedia mais movimento, então caminhávamos.

Todo o grupo já demonstrava sinal de cansaço quando alcançamos um pequeno e lindo vilarejo "Mos". O Vilarejo de "Mos" é considerado patrimônio histórico e monumental da época romana, o qual conserva um marco miliário[7] da estrada romana entre Braga e Lugo. Atualmente, parte dessa via integra o Caminho Português de Santiago.

O "Pazo[8] de Mos", datado do século XVI e recentemente restaurado, deu nome ao município e o seu escudo deu origem ao atual brasão da vila. Já o "Pazo de Santo Antoíño" situa-se na Paróquia de Louredo. Foi construído no século XIV e reconstruído no século XVIII. E tem uma capela do século XVI.

Há inúmeras igrejas espalhadas pelas paróquias, entre elas a de Louredo, que conserva o seu tímpano românico, embora tenha sido restaurada no século XVIII. A Igreja de Guizán também conserva a porta românica e a Igreja de Sanguiñeda, datada de 1685, conta com escultu-

---

7 Marcos miliários – Os miliários (do latim: *miliarium*, a partir de *milia passuum*, "mil passos") eram os marcos colocados ao longo das estradas do Império Romano, em intervalos de cerca de 1480 metros. Essas colunas de base retangular eram de altura variável, com as maiores a atingir cerca de 20 polegadas de diâmetro, pesando cerca de 2 toneladas. Na base estava inscrito o número da milha relativo à estrada em questão. Num painel ao nível do olhar constava a distância até ao Fórum Romano, bem como outras informações, como os responsáveis pela construção e manutenção da estrada. Atualmente, são os miliários que permitem aos arqueólogos e historiadores estimar os trajetos das antigas estradas romanas, pelo que se tornavam valiosos documentos. As suas inscrições foram compiladas no volume XVII do *Corpus Inscriptionum Latinarum*.
Fonte: https://pt.wikipedia.org/wiki/Estrada_romana.

8 *Pazo* designa, na Galícia, um tipo de casa tradicional solarenga (nobre), normalmente situada no campo, que foi residência de pessoas importantes da comunidade, como eram nobres e reis. O termo tem a mesma etimologia que o português "paço", que em muitos casos se refere a um palácio real. Fonte: https://pt.wikipedia.org/wiki/Pazo.

ras que se supõe serem procedentes de um templo românico anterior. As últimas administrações municipais têm restaurado muitos moinhos abandonados há décadas. "Mos" é um município (*concello* em galego) da província de Pontevedra, Galícia, noroeste da Espanha. Pertence à comarca de Vigo, situa-se no vale do Rio Louro, um afluente do Rio Minho que cruza o município de nordeste a sudoeste, e ao qual aflui o Ribeiro Perral. As dez paróquias do município são: Cela, Dornelas, Guizán, Louredo, Mos, Pereiras, Petelos, Sanguiñeda, Tameiga e Torroso.

As belezas de Mos.

Então, em meio a tanta história viva, paramos para um breve descanso. Precisávamos tomar café, água, comer as guloseimas tradicionais, usar os "banhos" (toaletes) e, como não poderia deixar de ser, o *wi-fi* para nos localizar.

A beleza de "Mos" não fica só na sua riqueza cultural e patrimonial, mas também está presente no cuidado, na limpeza, organização do lugar e, sobretudo, na hospitalidade do seu povo. Para matar a saudade, o intervalo para descanso foi na "Tapería Flora", uma acolhedora parada para peregrinos, um misto de café e bar. Eu a visitei quando fiz o caminho pela primeira vez e não poderia deixar passar a segunda oportunidade, super-recomendo essa parada aos peregrinos. O grupo estava muito à vontade e ainda encantado com o que pudera apreciar até ali.

O aconchegante e acolhedor "Tapería Flora".

Edna Souza

Curiosidades do caminho.

Por um instante me pego pensando, como será viver cotidianamente em um lugar com tanta boniteza e equilíbrio? Como seria conviver com tanta simplicidade e, ao mesmo tempo, com tamanha sofisticação?

Bem, pensamentos à parte... O grupo segue a caminhada. Selos nas credenciais, mochilas nas costas e caminho adentro. No trecho seguinte, a graciosidade do lugar e as subidas intermináveis contrastavam entre si.

A magia do Caminho – Trechos próximos a Redondela.

Andamos alguns quilômetros mais, e por volta das 13 horas, paramos para almoçar na "Churrasquería Choles", um lugar garboso e aconchegante à beira do caminho. Uma ótima parada para peregrinos. Ademais, a churrascaria conta com um cardápio excelente.

O meu pedido foi regado à irresistível "Chuleta de ternera" com batatas e saladas. O prato serve duas pessoas por apenas 10 euros, o equivalente a 55 reais, moeda brasileira à época.

O grupo optou por seguir a dica. Um prato farto, nutritivo e mais ou menos barato. Além do prato principal, o pedido foi guarnecido com suco, água e sobremesa: tudo muito bom! Valeu a parada, o descanso, o almoço e o uso dos banhos[9]. Ficamos ali por volta de 40 minutos e depois partimos.

À beira do caminho – "Churrasquería Choles".

Retomamos a caminhada. Para onde olhássemos, enxergávamos uma elegância arrebatadora do lugar, um pedaço do céu como relatava um dos membros do grupo.

9 Nota: Não tem sinal de *wi-fi* para os peregrinos (ou viajantes).

O sol radiante e intenso tornava a paisagem ainda mais exuberante. Após mais ou menos 1 hora e 30 minutos de caminhada, fizemos uma parada no "Bar Corisco" na beira do caminho. Fomos recepcionados por Dona Ana, uma senhora muito simpática e gentil. Fizemos algumas fotos, tomamos café, comemos chocolates, tortas, dentre outras guloseimas.

A TV estava ligada e se falava muito sobre o estado de pandemia em outras localidades do mundo. Não demos atenção aos noticiários, quase que ignorando toda a realidade, que estava naquele momento muito distante de cada um de nós. Enquanto isso, concentrávamos o foco no caminho a ser concluído. Usamos o *wi-fi*, banhos, trocamos uma prosa e partimos para finalizar o dia.

Uma parada aconchegante e uma anfitriã ímpar – "Bar Corisco".

Após mais 1 hora e 30 minutos de percurso, chegamos à última parada do dia. O "Albergue Público de Redondela". Entre todos, esse é o albergue que menos me atrai. Custo de 8 euros, aproximadamente 44 reais, moeda brasileira, por pessoa e acomodação pouco confortável.

O albergue está localizado no centro da cidade em meio a uma praça. É uma casa antiga de pedras, que também abriga um pequeno museu. Enfim, eu particularmente não gosto de sua estrutura, recepção, dentre outros aspectos.

Depois de acomodados e já de banho tomado, saímos em busca de um lugar para jantar.

Albergue Público de Redondela.

À frente, praça local e a "La Farola" ao fundo.

A minha indicação para o restaurante que conhecia não dera certo, pois estava fechado devido a férias coletivas. Então, restou a mim e ao grupo decidir por ir à padaria e café "La Farola", que fica bem em frente ao Albergue. Comemos um lanche, pois era tudo o que tinha por ali. Voltamos ao Albergue e repousamos tranquilamente.

Sobre "Redondela", é um município (*concello* em galego) da província de Pontevedra, Galícia, no noroeste da Espanha. Pertence à comarca de Vigo. O chamado Caminho Português de Santiago atravessa também o conselho, apesar de, a rigor, não ser um percurso pedestre da região, apresenta características similares, além de representar uma grande riqueza patrimonial e arquitetônica.

A paisagem do conselho é marcada por dois grandes viadutos ferroviários construídos no século XIX. Ambos estão classificados como bem de interesse cultural desde 1978, fazendo com que Redondela seja conhecida como a "vila dos viadutos". Já a geografia dessa região é suavemente montanhosa, com elevações que quase atingem os 500 metros na parte sul. O solo da parte costeira é arenoso em algumas partes e rochoso em outras. Apesar da baixa altitude, o terreno é muito irregular. O sistema fluvial é constituído por vários pequenos cursos de água.

Dia 12 março, manhã fria e céu ensolarado. Saímos do albergue às 8 horas da manhã. Paramos para o café na padaria "La Farola", vale à pena tomar o café na padaria em frente à hospedagem, uma vez que só será possível fazer uma próxima parada para uma refeição a, mais ou menos, 7,8 quilômetros de distância dali. Ou seja, em Arcade.

Quando chegarmos ao destino final, Pontevedra, teremos percorrido 19,1 quilômetros. Onde pernoitamos no Albergue Público "Virgem Peregrina", localizado na entrada da cidade de Pontevedra, no qual pagamos 8 euros por pessoa, o equivalente a 44 reais à época.

Depois do café da manhã, e já com as mochilas nas costas, seguimos o percurso.

Foi naquele trecho que encontramos os maiores desafios e a mais espetacular imponência da natureza.

O dia estava lindo, os raios de sol despontavam e a paisagem do bosque logo assumia os mais variados tons.

O tempo todo subíamos e descíamos, mas isso não tirava a magia e a graça do caminho, pelo contrário, aumentava a sensação de felicidade e de uma alegria inexplicável.

O mundo, para mim, parecia pequeno diante da tamanha excelência proporcionada pela natureza.

A cada passo, emoções distintas, entremeadas de cansaço e alegria, dor e prazer, gratidão e muita felicidade. Andamos assim por duas horas, quando entramos em "Arcade", uma pitoresca cidade da Galícia. Logo, lembrei-me do Restaurante "A Cuña", propriedade de um casal de brasileiros que saiu de Salvador e por lá se estabeleceu há alguns anos.

Ali, fizemos uma parada. Aproveitamos o *"break"* para usar banhos, *wi-fi*, pedir selos e fazermos um lanche reforçado. Aos peregrinos são servidos, como cortesia, bolos, churros e suco de laranja. Amamos o mimo! Reforçamos um pouco mais a alimentação, consumindo café, tortas e chocolates.

Cidade Arcade, na Galícia.   **Restaurante "A Cuña".**

O atendimento é especial, conta com conforto e comodidade, além de ter atendentes simpáticos e hospitaleiros.

Após percorrer 7,8 quilômetros sem parada, ali descansamos por cerca de meia hora.

Acreditávamos, todos, que estávamos preparados para os próximos 11,3 quilômetros que viriam a seguir. Aquele era o trecho que eu mais temia, pois recordava da minha experiência em 2018.

Sabia que, para ter acesso a tamanha beleza, exigia esforço e muita determinação.

Ainda no restaurante, pensei que deveríamos nos preparar para aquele momento.

Propus ao grupo atravessar a rua e, no mercado, comprar frutas, água e chocolate. Aquela fora a grande sacada do dia. Dos 11,3 quilômetros seguintes, nove deles seriam subindo.

Aquele é um trecho onde não há nenhum tipo de assistência ao peregrino: não há paradas nem banhos. Então, voltemos à grandiosidade do caminho, a começar pelas subidas íngremes e intermináveis, solo irregular e com muitas pedras, uma parte com poças de água, árvores frondosas, verdes de todos os tons, o silvo dos pássaros, os sons das águas, o sibilar do vento nas folhas, o barulho dos nossos passos, do roçar das nossas vestimentas, e da nossa respiração profunda, que se transformavam em uma verdadeira sinfonia.

Estávamos exaustos, a dor e o cansaço estampados em nossas faces eram visíveis. A elevação nos fazia perder o ritmo e a respiração começava a ofegar. Contudo, a determinação e a coragem eram essenciais para concluirmos a jornada.

Para combater o desgaste físico, íamos hidratando com água, nós nos alimentávamos com frutas e, aos poucos, íamos repondo as energias. No meio do "tudo", bem ali embaixo de uma árvore, encontramos um jovem muito simpático com seus panos cheios de bijuterias pendurados, e uma caixa térmica para brindar os peregrinos que por ali passam com água fresca.

Travamos uma conversa por cerca de 30 minutos, compramos bijuterias para ter como recordação daquele valioso momento, fotografamos e, sem dúvida, fomos agraciados com mais um selo do caminho.

Edna Souza

"Arcade" – Trechos íngremes e natureza exuberante.

Depois de andar por mais alguns quilômetros, reclamações de cansaço físico e dor começaram a aparecer. As perguntas eram: "Falta muito para chegarmos?", "Essa era a subida que você temia?". Ou ainda: "Estou com dor!", "Espera um pouco.", "Eu não aguento mais, estou passando mal.", "Preciso me sentar!", "Quero água!".

Ocorre que estávamos no meio do nada ou do tudo, e não tínhamos muito o que fazer. Não podíamos ficar imobilizados diante da dificuldade, tampouco voltar. Como única opção deveríamos apenas caminhar na direção do plano.

De Arcade a Pontevedra – Trechos de "Subidas e descidas" e suas curiosidades.

Foram momentos difíceis, o Ricardo e eu já tínhamos experiência com o caminho, inclusive estávamos preparados psicologicamente para aquele trecho. Meu joelho esquerdo doía demais, mas eu estava preparada para superar qualquer dor, eu sabia da existência da minha limitação e a minha proposta era a de completar o caminho. E assim o fiz, sem reclamações, e sem parar.

O atrativo e o charme do caminho compensavam qualquer coisa para mim. Momentos em que pude exercitar a introspecção e encontrar com o meu "EU" interior.

A turma acabou por superar também, afinal foi uma opção planejada fazer o caminho! Defino como um dia regado às boas sensações, e alguns desconfortos em meio ao extraordinário.

Trechos de "Arcade" entre Redondela e Pontevedra – A majestosa natureza.

Enfim, chegamos a Pontevedra. Nosso destino era o Albergue Público. Ao chegar, fomos entrevistados por um repórter de uma TV local, sobre o que pensávamos e sentíamos a respeito da repercussão do "coronavírus". Estávamos fora da casinha.

Nosso mundo era verde e de vários tons, tinha brilho, os sons eram restritos aos dos pássaros, das águas cristalinas que desciam mansamente por entre as rochas. Então, a resposta foi: "Estamos no caminho há três dias e pouco sabemos a respeito do terrível e aterrorizante coronavírus. Quanto ao medo, não temos nenhum". Eu disse: "Acredito que haja mais sensacionalismo por parte de alguns e pouca racionalização por parte da população". Eu realmente não fazia ideia do caos que se instalaria no mundo.

Até ali, tudo transcorria normalmente com os peregrinos. O albergue estava lotado, gente de todos os lugares do mundo. O albergue de Pontevedra é muito bom, tem instalações cômodas, arejadas, e com ótimo espaço de convivência social.

Albergue Público de Pontevedra, "Croisanteria Dulce de Leche" e centro de Pontevedra.

Depois de acomodados, todos pareciam bem, nenhum vestígio de dores ou insatisfação por parte do grupo, ao contrário, todos estavam animados depois do banho para uma breve saída. Queríamos jantar e explorar um pouco o comércio da cidade. Então, fomos até a estação de trem. Ali tem restaurantes, centro comercial, cinema dentre outros atrativos. Contudo, naquele momento, o foco era o jantar.

Dica do Ricardo e da Edna, Restaurante "Gambrinus", que nem merecia ser citado aqui, se não pela necessidade de alertar a outro peregrino (ou viajante) que tome cuidado ao pedir uma refeição nesse restaurante.

Naquele momento ainda não entendíamos o que estava acontecendo, pois tudo estava parado. No restaurante somente nós e a atendente. E, decerto, um cozinheiro.

Primeiro estranhamos a diferença no lugar, perguntamos pelo garçom do Mato Grosso do Sul – Brasil, que trabalhava ali. A senhora respondeu que deveria estar de folga. Bem, resolvemos pedir "ternera com batatas e saladas", precisávamos estar bem alimentados.

Quando a mesa foi servida, ficamos indignados com a aparência do prato. Chamamos a senhora para nos explicar a aparência daquele prato, com a carne mal passada ao extremo e as batatas duras e oleosas.

Perguntamos o que estava acontecendo e ela então disse que o restaurante havia mudado para um novo proprietário e acrescentou que era recém-contratada, justificando os contratempos ocorridos ali.

Percebemos que, ao ficarmos indignados com a aparência do prato, a senhora sentiu-se constrangida. Afinal, estávamos gastando R$ 100 reais no sistema monetário brasileiro em uma refeição de aspecto estranhíssimo. Pagamos, mesmo sem comer, e deixamos registrada a nossa indignação.

Para mim, particularmente, foi uma frustração. O que tinha nas minhas memórias evocadas estava entretecido a um bom atendimento, comida de qualidade, ambiente aconchegante, e descontraído. Tudo o que tivemos naquela noite foi um atendimento embotado, amador, desleal, abusivo e a oferta de uma refeição de qualidade duvidosa.

Estávamos completamente insatisfeitos e, pior, com muita fome.

Saímos em busca de outro lugar para comer. A poucos metros dali, entramos em um pequeno café e vimos que ali servia massa.

Pedimos uma massa que já estava pronta. Estava com boa aparência, mas o sabor não era nada apetitoso. O jeito era comer. Depois de um café, saímos em busca de algo que compensasse tanta frustração naquela noite. Logo, atravessamos a rua e encontramos uma doceria e ali nos fartamos, comprando guloseimas para a sobremesa e também garantir muita energia, diante do percurso a ser feito no dia seguinte.

Voltamos ao albergue e nos preparamos para o descanso. Tivemos uma noite de pouco sono, pois entre nós havia uma garota tossindo desesperadamente e com falta de ar. Até aquele trecho do caminho estávamos distantes do gigante e temido "coronavírus". E pouco ou quase nada sabíamos sobre ele.

Sobre Pontevedra, a cidade é capital da região turística das Rías Baixas e do Caminho Português de Santiago, encontra-se 110 quilômetros ao sul da Corunha, 60 quilômetros ao sul de Santiago de Compostela, 105 quilômetros a noroeste de Ourense e 50 quilômetros ao norte da fronteira portuguesa (Tui-Valença).

Em 2014, a ONU outorgou-lhe o Prêmio Habitat pela qualidade da vida urbana e políticas de mobilidade urbana, tendo se transformado, segundo este organismo internacional, em uma das melhores cidades europeias para viver.

A cidade é um modelo a nível internacional e tem recebido prêmios em Bruxelas, Nova Iorque, Hong Kong e Dubai. É a cidade galega que tem mais ruas para peões e espaços verdes por habitante.

O prestigioso jornal britânico *The Guardian* qualificou-a recentemente como o paraíso entre as cidades espanholas.

Suas ruas de pedras e pequenas praças reúnem edifícios medievais construídos em diferentes estilos arquitetônicos, como o gótico – observado nos traços do Convento de Santo Domingo.

Uma das lendas que circulam por ali remonta que a cidade teria sido fundada ainda na antiguidade, por Teucer, um veterano da Guerra de Tróia, embora a maior parte dos vestígios indique que ela teve origem durante o século I a.C., pelos Romanos.

Capítulo 3
Rumo a Caldas de Reis
De Caldas a Padrón

> "O único homem que nunca comete erros é aquele que nunca faz coisa alguma. Não tenha medo de errar, pois você aprenderá a não cometer duas vezes o mesmo erro."
> **(Theodore Roosevelt)**

Dia 13 de março, manhã de sol e muito frio. Vale salientar que o horário para o *check-out*, ou desocupação dos albergues, não deve ultrapassar às 8 horas da manhã. Todos os dias, o nosso grupo apresentava dificuldades no cabal cumprimento do horário de saída.

Não aprofundarei, aqui, as animosidades matinais, ocorridas entre 5 e 8 horas da manhã, para não evidenciar tais condutas.

Ao peregrino ou viajante fica a seguinte recomendação acerca da hospedagem, no decurso do Caminho a Santiago de Compostela: os horários de *check-in* e *check-out* são levados a termo e, estando o hóspede já instalado, há um horário limite, de retorno das atividades noturnas (para que o viajante/turista/peregrino não incomode os outros peregrinos que dormem nos espaços coletivos) – Destarte, cumpra cabalmente os combinados – e seja disciplinado.

Partimos rumo a Caldas de Reis, 21 quilômetros a percorrer. Andamos por mais ou menos 1 hora até o centro de Pontevedra, e paramos na "Croisanteria Dulce de Leche", onde tomamos café da manhã, com tranquilidade.

Essa padaria já me era familiar. Depois do café, pedimos os selos, usamos o *wi-fi* e, nesse meio tempo, nos posicionamos para prosseguir a caminhada.

Bem, "pernas para que te quero" era a "palavra" de ordem.

A caminhada que exige esforço e determinação.

Ainda no centro de Pontevedra, fizemos algumas fotos a fim de registrar a exuberância daquele lugar que, como já citado antes, conserva nos dias atuais marcos milenários da história local nas suas arquiteturas. A expressão do antigo ao contemporâneo.

Na saída da cidade há, de um lado, a grande muralha de pedras e, do outro, um grande bosque. A sensação era a de estar entrando em uma tela imensa.

Os raios de sol despontavam além das colinas, o céu em um único tom de azul celeste contrastava, assim, com os mais variados tons dos verdes das árvores nativas.

A brisa gélida e o ar puro eram elementos que causavam as melhores sensações ao físico, e toda a beleza visual fazia com que a mente viajasse do real ao onírico. Esse trecho do caminho é de inefável pulcritude e rico em colinas suaves e onduladas, ladeado por grandes plantios de vinhedos, por construções de casas de pedras, por uma infinidade de pequenas hortas e ainda é ocupado por grandes vales fluviais.

Rios, vinhedos e trecho entre "Pontevedra e Caldas de Reis".

Livre, rico e feliz

    Depois de alguns quilômetros em meio à natureza exuberante, chegamos a San Cayetano, uma parada obrigatória para peregrinos.
    Usamos os banhos, tomamos café, suco e água, depois, pegamos os selos e aproveitamos para comprar também algumas guloseimas.
    Descansamos um pouco e seguimos adiante, estávamos ainda muito distantes do destino.
    Vale ressaltar aqui o cuidado e o respeito expressos em cada detalhe da aconchegante parada San Cayetano, exclusividade ao descanso peregrino.
    Seguimos o nosso trajeto com paisagens bucólicas de saltar os olhos e, ao mesmo tempo, perpetuadas por fotos capturadas durante o percurso. Assim, prosseguimos até a próxima parada.

Parada automática San Cayetano e o céu azul cintilante – Adorno do "Caminho".

Edna Souza

Encantos do "Caminho" – O pulsar da natureza.

Livre, rico e feliz

    De longe, avistei um pequeno bar café de portas fechadas e logo lembrei que fora ali que havia feito parada, quando fiz o caminho há dois anos. Lá adquiri um colar de encaixe muito bonito com a concha de Santiago, feito por um artesão daquela região.

    Nossa! Eu estava radiante com a lembrança e, ao mesmo tempo, decepcionada, pois aquela agradável parada estava deserta. Partimos todos em direção ao "Mesón Don Pulpo", a 50 metros dali. No "Don Pulpo" encontra-se o carimbo de selos mais antigo do "Caminho Português", ali paramos e descansamos.

    Pedimos café, tortas, salgados e sucos, usamos os banhos e o *wi-fi*, conversamos com alguns peregrinos que também faziam parada ali. É possível dizer que o caminho é um paraíso sem fronteiras, que reúne gente de todo o mundo, usando apenas a linguagem do amor, do desapego e da solidariedade.

Mesón Don Pulpo.

Deixamos a Don Pulpo e voltamos a explorar o próximo trecho do caminho. A caminhada era acelerada e contínua, porém ao ritmo de cada um.

A brisa fria e o sol forte queimavam a minha face.

O ritmo forte levava à exaustão física, que era amenizada pelas boas emoções proporcionadas pelo encanto do caminho.

Aquele é um dos trechos mais planos e longos do trajeto, porém extremamente revelador das belezas naturais.

Tudo que se pode ver, sentir e ouvir ali é, no mínimo intenso, marcante e inebriante.

Andamos por 17 quilômetros e havíamos feito apenas duas paradas. Estávamos todos com muita fome e cansados, não havia nada além da beleza natural. Cada um ao seu ritmo se distanciava. A exaustão nos levava ao limite.

Meu joelho esquerdo doía demais, mas continuei determinada a chegar ao destino, e ignorar as minhas fragilidades humanas, mesmo porque não havia alternativa a não ser seguir.

Quando alguém do grupo parava, era muito complicado. Pois, desse modo, desacelerava a caminhada e, de certa forma, perdia-se o ritmo, alongando o tempo de chegada ao destino.

A tarde caía, não havia paradas para descanso, não tínhamos mais água nem alimentos. Por fim, chegamos ao "Café Bar Oasis". Faz jus ao nome, pois literalmente encontra-se no meio do nada. Agora, o sentimento era de alívio, enfim uma parada para descanso. Aliviados apenas, pois já não havia refeições naquele horário.

Tínhamos que contentar-nos com lanches somente. Bem, optamos pelo que tinha. Sanduíches de pão com queijo e parma, Coca-Cola, e o famoso "chorizo do inferno". O tal chorizo é uma linguiça assada no álcool, saborosa e irresistível. Pagamos 25 euros, o equivalente a 137,5 reais. Ali, eles cobram 0,50 cêntimos, o equivalente a 2,75 reais, por uso do banheiro, não havia *wi-fi* e nem simpatia. Acredito que, naquele momento, a situação da pandemia começava a atordoar a todos. Naquele meio de mundo, ou como bem define o nome "Oasis", tudo o que tínhamos era um espanhol nada amistoso e, sobretudo, explorador.

"Chorizo do inferno" – Uma iguaria diferente.

Pois bem, superada a indignação, decidimos seguir, afinal estávamos distantes a pelo menos quatro quilômetros do destino final. Agora, todos alimentados, teríamos forças para continuar a jornada.

Incontestavelmente, a paisagem é maviosa e os parreirais construídos com pedras nativas, aliás, notamos que as árvores são usualmente substituídas por pedras, o que torna a paisagem pitoresca e incrivelmente diferente.

Aquele cair de tarde encantava! Mesmo muito cansados, a magia do lugar, que somente a experiência do caminho pode revelar, era indescritível, registramos em imagens e vídeos uma pequena amostra do contraste entre céu e terra nos seus aspectos mais naturais. Em meio à tanta beleza, vivíamos a exaustão da caminhada, do peso da mochila, e da brisa gelada no rosto.

Caldas de Reis – A natureza que fala.

Embora o fim de tarde se aproximasse, o sol continuava quente e isso fazia com que os nossos corpos transpirassem muito, o que desidratava com facilidade. Àquela altura, já não tínhamos água.

Estava prevista a hospedagem no Albergue "Catro Canos" no início da cidade de Caldas de Reis a mais ou menos 2,5 quilômetros do centro da cidade. A alegria foi imensa quando percebemos que nos aproximávamos da hospedagem.

Para surpresa e desequilíbrio do grupo, o albergue estava fechado, por motivo de férias coletivas. Tudo estava estranho e deserto. Já não se via mais peregrinos por ali a não ser o meu grupo. Naquele momento, percebemos que os efeitos da pandemia chegavam.

O grupo entrou em desarmonia, as reclamações e desentendimentos começaram. Havia os que queriam continuar andando para o centro da cidade, outros não desejavam, mas também não tinham opção. Foi uma tremenda confusão!

Paramos para conversar e alinhar o final do trajeto e chegamos à conclusão coletiva de que a única alternativa era andar os 2,5 quilômetros até o centro da cidade. E assim o fizemos.

Livre, rico e feliz

Mais adiante, paramos em um café e conseguimos *wi-fi* para nos localizar e proceder às reservas de hospedagem, pelo modo eletrônico. Caminhamos até o centro da cidade e, por fim, chegamos ao destino.

Ficamos hospedados no Hostel "Bo Camiño". Pagamos 45 euros o pernoite, o equivalente a 247,50 reais. O apartamento era aconchegante, lindo e muito confortável.

Caldas de Reis – Mimos do Hostel "Bo Camiño".

Eu tive uma noite de descanso, paz e tranquilidade. Todo o grupo recuperou o equilíbrio, frente ao inusitado. Naquele momento, todos estavam calmos e bem instalados.

Depois de um banho demorado e reparador, preparamo-nos para sair e jantar. Procuramos no aplicativo os restaurantes mais próximos e, então, saímos em busca de um. Mas tudo ali estava estranho, as ruas estavam desertas. Queríamos um restaurante, precisávamos de pratos completos e, por fim, encontramos o "Restaurante Café Cruzeiro", que nos serviu a última refeição do dia. Éramos seus últimos clientes naquele dia, e os últimos até o final da pandemia.

Eles se preparavam para interromper as atividades naquela noite sem previsão de retomada, por ordem do governo da Galícia. Precisávamos comer rapidamente, pois o nosso tempo ali se encerrava às 23 horas, quando as portas seriam fechadas até ulterior ordem.

Ali em Caldas de Reis, o caminho acabou para 99% dos peregrinos que faziam o "Caminho Português", os últimos, o 1%, éramos nós. E sabíamos que continuaríamos a qualquer custo. Estávamos dispostos a cumprir com propósito todas as etapas do caminho.

Naquela noite, em Caldas de Reis, entendemos que o caos de fato havia se instalado no mundo inteiro. As poucas pessoas na cidade estavam assustadas, apavoradas e um tanto apressadas no falar, no andar, no atender e dispensar rapidamente, por conta do estado de pandemia.

De qualquer forma, resolvemos explorar na solidão da noite e, por entre luzes brancas e amarelas, as belezas da antiga e acolhedora Caldas de Reis. As majestosas pontes romanas sobre rios caudalosos contrastavam agora com o silêncio absoluto. As luzes da cidade refletiam nas águas cristalinas transformando-as em um belo cartão postal.

Acredito que, naquela noite em que o mundo parara e em que Caldas parou, nós fomos abençoados por apreciar a tela que poucas pessoas puderam admirar na história de suas vidas. Era madrugada, quando voltamos ao apartamento.

Enquanto voltávamos, toda a imponência da cidade era apreciada e comentada. Estávamos felizes em nós mesmos. A solidão das ruas não interferia nas nossas emoções. Chegamos ao apartamento e, por fim, ao descanso merecido.

Sobre Caldas de Reis, a vila situa-se no noroeste da província de Pontevedra, no vale do Rio Umia, no ponto em que tem origem o

Vale do Salnés, cujas extensas veigas férteis se estendem até o mar. Localiza-se num dos principais eixos rodoviários da Galícia, uma das estradas mais movimentadas da Espanha, a estrada N-550, que liga A Corunha a Vigo, aproximadamente 22 quilômetros ao norte de Pontevedra e 15 quilômetros ao sul de Padrón. O município é atravessado pelo Caminho Português, um dos Caminhos de Santiago.

Os primeiros habitantes conhecidos na região foram os Cilenos. Os Romanos estabeleceram-se na área, atraídos pelas fontes termais que estão na origem do nome (em latim: *Aquae Celenae*).

A localidade aparece no Itinerário Antonino, o mapa rodoviário do Império Romano do século III na Via XIX, a estrada que ligava Bracara Augusta (atual Braga) a Astúrica Augusta (atual Astorga).

Foi sede episcopal até 569, ano em que essa foi transferida para Iria Flávia (atual Padrón). Nesse tempo, foi agitada pelo priscilianismo e foi sede de um concílio de bispos galegos convocado pelo Papa São Leão em 400.

Caldas denomina-se "de Reis", porque ali nasceu Afonso VII de Leão e Castela, filho de Urraca I e de Raimundo de Borgonha, Conde da Galícia. O castelo, que a rainha ali tinha, foi derrubado e as suas pedras foram usadas na construção da Igreja de São Tomás. Diz-se que essa igreja foi dedicada a São Tomás de Cantuária, que passou pela vila fazendo o Caminho de Santiago. Caldas de Reis foi declarada "vila de reguengo" por Filipe II (1556-1598).

O principal achado arqueológico no conselho de Caldas é o chamado tesouro de Caldas, valiosíssimo conjunto de peças datadas do século XVI a.C., descoberto casualmente em 1940. Supõe-se que o tesouro era constituído por um total de 25 quilos de ouro, dos quais só se conservam 14,9 quilos no Museu de Pontevedra. Inclui um pente, três vasos, 31 lingotes (28 curvos e três barras) e seis grandes pedaços de uma lâmina de tiras, constituindo a maior acumulação de ouro de toda a pré-história europeia. No Auditório de Caldas de Reis, conserva-se uma reprodução.

No conselho há vários castros (ruínas arqueológicas, Santa María, Bemil, Follente, Outeiro e Castelo), região de casas grandes (solares - casarões ou casas antigas, Santa María de Caldas, Santa María de Bemil, Santo Andrés de Cesar, Santo Estevo de Saiar).

A Ponte de Bermaña, no centro da capital municipal, é de origem romana e foi reformada na Idade Média (século XIV). É formada por três arcos de meio ponto, com dupla inclinação. Outras pontes medievais são as Castaños e de Segade.

Na gastronomia, as empanadas de lampreia e o pão são famosos. O chamado pão de manteiga é muito popular no conselho; deve o seu nome ao fato de ser usada manteiga de vaca na sua preparação.

O pão tem o miolo muito compacto, sem buracos, côdea (casca) suave e mole, e o sabor é ligeiramente gorduroso. É cozido em peças de um quilo ou em peças menores (chamadas moletes e cornechos).

Na Semana Santa, é popular o roscón (uma espécie de pão doce com fatias de frutas), o qual tem uma curiosa forma antropomórfica (forma humana ou de animais).

As rias, vales fluviais, de Arousa e de Pontevedra têm um papel importante na economia local, onde o setor agrícola é preponderante.

No entanto, o setor secundário ocupa metade da população, entre a indústria (química básica, leite e alimentação, metalurgia, móveis etc.) e a construção. As termas e suas potencialidades despertam a atenção de muitos turistas na região.

Despertamos na manhã do dia 14 de março de 2020 ainda extasiados com os momentos da noite anterior. Fazia uma manhã fria e ensolarada, quando deixamos o Hostel e partimos rumo à cidade de Padrón a 16 quilômetros dali.

Até aquele momento, o pouco que ouvíamos sobre a pandemia, não nos assustava. Acreditávamos mesmo em um alarde passageiro. Na verdade, como disse anteriormente, estava em meio à natureza absoluta, respirando ar puro e, pelas circunstâncias, longe de qualquer perigo.

Em nenhum momento ligamos as férias coletivas dos estabelecimentos comerciais à pandemia, tendo em vista que no mês de março é muito comum o fechamento de alguns comércios para férias, por se tratar ainda da baixa temporada. Época em que a quantidade de peregrinos fazendo o caminho é bem reduzida se comparada à alta temporada.

Mochilas nas costas e lá fomos nós, ruas acima e abaixo, contemplando a graciosidade da cidade que ainda dormia.

Percorrida parte do trecho, avistamos uma cafeteria e nos dirigimos a ela. Surpresa! Não poderíamos tomar café dentro da cafeteria. Serviam apenas para viagem.

Então, fomos informados de que, a partir daquele dia, todos os estabelecimentos comerciais estariam fechados, com exceção daqueles que lidavam com produtos alimentícios, porém com algumas restrições e cuidados, e esse seria o procedimento em toda a Espanha.

Podíamos, então, comprar o alimento e consumir fora do estabelecimento. Aquele encaminhamento era adotado em todos os lugares do mundo, em situação de emergência.

Faltava pouco para completarmos o caminho, e todo o trajeto era em meio à natureza, distante de qualquer risco. Contudo, ficamos momentaneamente preocupados com a situação, tínhamos uma programação grande, após encerrarmos a caminhada. Então, focamos no objetivo principal que era chegar a Santiago de Compostela.

Edna Souza

Uma coisa era certa, de forma alguma desistiríamos de viver os encantos do caminho, mesmo porque em nenhum outro lugar do mundo estaríamos tão seguros, saudáveis e em paz, o quanto estávamos ali.

Enquanto o caos se instalava, partíamos para Padrón, e eu continuo com os relatos do caminho.

O trecho entre Caldas e Padrón é carregado de encantos, uma viagem de magia, povoada por flores de todas as cores, verdes de todos os tons, rios e seus majestosos sons, o canto dos pássaros, as revoadas no céu azul celeste, o soprar do vento frio e o som dos nossos passos que se contrastavam e se fundiam em uma melodia canora.

Trechos entre Caldas e Padrón e área de descanso peregrino (última imagem).

Livre, rico e feliz

A natureza exuberante entre Caldas e Padrón e curiosidades do "Caminho".

As emoções afloravam, todos os meus sentidos entravam em alerta máximo, eu entrava e saía de mim mesma, transcendendo todas as minhas experiências internas e externas. Era perceptível a emoção e o encantamento do grupo diante de tanta beleza. Fotos, filmagens registravam os encantos e, também, as nossas reações.

Ao longo do trecho entre Caldas e Padrón, encontramos apenas dois cafés automáticos com banhos e selos e um pequeno mercado. Neste último, conseguimos comprar pães, sucos, água, chocolates, frios, frutas e lenços de papel. Era mais ou menos meio-dia, quando chegamos àquele mercado, só havia uma garota atendendo e, assim que terminamos nossas compras, saímos e sentamos na calçada para preparar o lanche com aquilo que havíamos comprado. No meio do tudo ou do nada estávamos nós, a mais ou menos 29 quilômetros de distância do destino.

Ali na calçada, conseguimos um *wi-fi* livre e nos orientamos. Estávamos todos alimentados, e com ânimo para seguir apreciando os detalhes do caminho. A partir daquele dia, éramos os únicos peregrinos no "Caminho Português". No início, os albergues estavam todos lotados com pessoas de várias nacionalidades, era comum encontrá-las no decorrer da caminhada entre uma parada e outra e até mesmo no trajeto.

Sabíamos que até chegar a Santiago estávamos em segurança. Continuar a caminhada era a única opção para o grupo, uma vez que, toda a viagem fora programada com voo de ida e volta. Seria muito mais perigoso abandonar o caminho àquela altura, e arriscar ir para Madrid, na tentativa de antecipar o voo.

A ficha caía para o grupo e para mim. Não sabíamos quais dificuldades encontraríamos a partir dali. Até a cidade de Caldas tudo transcorrera muito bem. A "pandemia" estava parando o mundo e agora parava o "Caminho de Compostela". Mas, não deteve a nossa perseverança, não tirou o nosso foco e não nos impediu de cumprir a jornada.

As limitações chegaram, a escassez da alimentação, da comunicação, das paradas para orientação e uso pessoal. Estávamos, de fato, completamente isolados no caminho e a uma distância de, aproximadamente, 28 quilômetros até o destino final, mas até Padrón, onde seria a próxima parada, distavam apenas três quilômetros.

Atenta a todos os detalhes do caminho, diante do cansaço, da falta de hidratação que a caminhada provocava, e na solidão do caminho, tudo que restava era um mergulho infinito dentro do meu próprio eu. Eu estava feliz, vigorosa, sem dores no corpo, e marchava firmemente rumo ao destino. Alguns membros do grupo, a partir dali, foram afetados psicologicamente e fisicamente. Mantinham agora o desespero, a reclamação, o desânimo, a dor física, as indagações acerca do tempo que faltava para chegar ao destino, e temiam não conseguir albergar com tranquilidade. Era preciso retomar o estado de calma e paz. Por essa razão, paramos para uma conversa séria e necessária, a fim de adquirir recursos positivos e consciência sobre o momento.

Depois, seguimos, então, caminhando firmemente para a etapa final daquele trajeto e, enfim, chegamos a Padrón. Paramos no primeiro albergue privado que havia na entrada da cidade. Os albergues públicos já não recebiam mais peregrinos, todos estariam fechados até o final do trajeto.

Edna Souza

Albergue privado "Camiño do Sar".

Vistas da entrada de Padrón – Riqueza histórica.

Então, nos hospedamos no Albergue "Camiño do Sar" pagamos 11,5 euros, o equivalente a 63,25 reais, por pessoa. Um lindo e moderno albergue, tudo planejado, impecável higiene, cozinha disponível, instalações aconchegantes, serviço de lavagem e secagem de roupas por apenas 6 euros, equivalente a 33 reais.

Não poderia deixar de falar sobre a nossa simpática e generosa anfitriã Maria. Uma jovem alegre e cheia de vida, que reside ali no mesmo complexo do albergue, no andar superior.

Foi ela quem gentilmente, naquele final de tarde, nos deu apoio incondicional. Fez uso do seu carro e foi até uma pizzaria buscar pizzas e Coca-Cola, enquanto tomávamos banho e organizávamos nossos pertences pessoais nos armários fornecidos pelo albergue. Estávamos cansados e um pouco tensos devido ao desgaste dos momentos finais do percurso.

Contudo, era hora de jantar e Maria nos proporcionou um momento de satisfação, alimentando-nos com uma saborosa pizza em meio à beleza harmônica de suas instalações, e ainda participou de uma interlocução atenta com o grupo.

Ficamos imensamente gratos àquela galega simpática e gentil. Tive uma maravilhosa noite de sono e, pelos comentários, todos do grupo também estavam satisfeitos e bem descansados.

Naquele dia, Padrón também fechava todo o seu comércio e entrava na quarentena.

Sobre Padrón, a cidade é um município (*concello* em galego) da província da Corunha, Galícia, no noroeste da Espanha e pertence à comarca de Sar.

A história conta que a chegada dos povoadores latinos é a primeira prova fiável da existência de habitantes em Padrón. Possivelmente uma das razões que dissuadiu as tribos galaicas de se instalarem no vale foi o fato de ser uma zona essencialmente pantanosa, tanto é que a vila se assenta literalmente em lama (pequeno município de Pontevedra).

Os Romanos fundaram a cidade de Iria a alguns quilômetros a nordeste da vila. No local dessa importante cidade, que na época da dinastia flaviana (69–96 d.C.) mudaria de nome para Iria Flávia, encontra-se atualmente a pequena aldeia de Iria Flavia.

Essa povoação está ligada ao Caminho de Santiago, onde, segundo a tradição, predicou o Apóstolo Santiago em vida, e para onde regressou de novo, depois do seu martírio numa barca de pedra que atracou no "pedrón" (daí a origem do nome), conservado sob o altar da Igreja de Santiago.

A chegada de Santiago Maior em 34 d.C., proveniente da Terra Santa, foi o ponto de partida da tradição jacobeia. Segundo a lenda, depois da sua morte em Jafa (Israel), os restos mortais de Santiago foram transportados para Padrón e depois depositados num local remoto, no Monte Libredón, onde hoje se ergue a Catedral de Santiago de Compostela. A barca que transportou o corpo do apóstolo foi presa à antiga ara, (altar) pagão que deu o nome ao conselho, onde nos de atuais se encontra na Igreja da vila de Padrón.

Em um monte não muito longe do centro da vila, do outro lado do Rio Sar, encontra-se um outro lugar de culto a Santiago: a pedra em cima da qual, de acordo com a lenda, Santiago celebrou missa.

Desde que os restos mortais do apóstolo foram levados para Santiago de Compostela, Padrón tornou-se o princípio da rota até ao sepulcro, para os peregrinos que chegam pelo mar. Também se converteu em um objetivo para os saqueadores viquingues e normandos entre os séculos X e XI, o que levou Afonso V de Leão (999–1027) a mandar reconstruir as Torres do Oeste, o antigo Castelo do Honesto (Castellum Honesti) de origem romana; isso fez com que a vila deixasse de ser assaltada, desfrutando de grande prosperidade durante os séculos XII e XIII.

O arcebispo de Santiago, Diego Gelmires, nascido nas Torres do Oeste, foi um dos artífices dessa prosperidade. Foi ele quem construiu um cais na margem do Sar. Até ao século XVII, quando as aluviões do Sar causaram o recuo da ria (margem), Padrón teve um porto situado onde está atualmente a Igreja de Santiago e a Rua Murgadán, e dos seus estaleiros saíram as primeiras galés (barcos de guerras) da marinha espanhola.

No século XV, o arcebispo Rodrígo de Luna morou durante dois anos em Padrón com todo o cabildo (administração municipal) compostelano, a fim de se proteger dos condes de Altamira. O seu belo túmulo com estátua jacente pode admirar-se na igreja de Iria Flavia.

Padrón está ligado a importantes figuras da literatura galega, como Macías, o Enamorado, Xoán Rodríguez de Padrón, Camilo José Cela (1916-2002), Prêmio Nobel da Literatura de 1989 ou Rosalía de Castro, cuja casa, onde viveu os seus últimos anos e morreu, é, atualmente, um museu.

Igreja Paroquial de Santiago de Padrón — Além da pedra da antiga ara (altar), a Netuno que está na origem do nome do conselho e que, segundo a lenda foi onde foi presa a barca que transportava o corpo de Santiago, que se encontra por baixo do altar, esta igreja conserva duas epígrafes, uma em latim sobre a tradição do santo, e outra de 1133, sobre a reconstrução do templo ordenada pelo Bispo Gelmires.

Ermida de Santiaguiño do Monte — Segundo a lenda, era nesse local que o apóstolo se retirava para rezar após as suas prédicas. Ali, se celebra uma romaria popular em 25 de julho, Dia de Santiago, a qual inclui concursos de muinheiras (dança e gênero musical típico da Galícia).

Casa da Matanza — Paço (solar) onde residiu a escritora Rosalía de Castro e a sua família, situado na periferia, junto à estação de comboios. Atualmente é a Casa Museu Rosalía de Castro.

Jardim Botânico — Situado no centro da vila, acolhe várias espécies de árvores exóticas e nativas.

Feira de Padrón — Uma das feiras mais célebres da Galícia realiza-se todos os domingos. Ali, pode-se comprar roupa, utensílios agrícolas, produtos hortifrutigranjeiros da região, nomeadamente os famosos "pimientos"[10], queijos, pão, animais domésticos etc.

Pimiento de Padrón — Esse tipo de pimenta, internacionalmente conhecida, é cultivada na paróquia de Herbón, na bacia formada pelos rios Ulla e Sar, especialmente nas estufas de Herbón. Pequena e de forma alargada, cônica e ligeiramente rugosa ou sulcada, consome-se verde e frita em azeite em fogo muito suave. De sabor intenso, pode ser muito ou pouco picante — essa característica está na origem de um dito popular galego: "Coma os pementos de Padrón: uns pican e outros non" ("Como as pimentas de Padrón: umas picam e outras não"). Trata-se de uma variedade de *Capsicum annuum*, provavelmente originária do México ou do sudoeste dos Estados Unidos, que foi levada para a região no século XVI ou início do século XVII por missionários do Convento Franciscano de Herbón.

---

10 As pimentas de Padrón (pimientos ou herbón) são uma variedade de pimentas do município de Padrón, na província de Corunha, Galícia, noroeste da Espanha. A legislação da União Europeia protege o nome Pimiento de Herbón sob a designação de origem protegida desde 2009. Fonte: https://www.google.com.br/search.

Capítulo 4
Estrada para Milladoiro
E a chegada a Santiago

> "Viver é enfrentar um problema atrás do outro.
> O modo como você o encara é que faz a diferença."
> **(Benjamim Franklin)**

Era 15 de março de 2020. O dia amanheceu nublado e fazia muito frio. Acordamos, todos, às 5 horas da manhã. O plano seria estarmos prontos o mais cedo que pudéssemos para tomar o café da manhã no albergue, tendo em vista não saber quando faríamos a próxima refeição.

Deveríamos sair às 8 horas em ponto. Para variar, a saída do albergue ocorreu às 8 horas e 30 minutos, por questões de organização do grupo. Como de costume, aguardamos.

Até Milladoiro, percorreremos 15 quilômetros. As subidas serão íngremes e longas. Caminhamos em forma circular até alcançar os 238 metros de altura do nível do mar. E a previsão do tempo? Chuva! Sim, muita chuva.

Sabendo disso, saímos preparados para encarar a chuva que não demorara a chegar. Roupas e sapatos impermeáveis, e mochilas protegidas. Era a penúltima parte do trajeto. Revestidos de coragem, seguimos caminho adentro.

A chuva nos alcançou depois de mais ou menos um quilômetro de caminhada. Por conta das condições meteorológicas, as fotos naquele dia foram poucas, algumas antes da chuva, e outras poucas, durante.

Chovia forte, ventava e estava muito frio.

O dia foi extremamente difícil, nenhum abrigo, subidas intermináveis, chuva contínua, nada de comida e nenhuma parada ao longo dos 15 quilômetros. O que aconteceu de bom? Não houve reclamação nem desânimo. Cada um em passos lentos e continuados seguiu contemplando a natureza testando e superando seus limites.

A natureza entre Padrón e Milladoiro.

O meu contratempo ocorreu com a chuva ininterrupta e forte, quando o meu casaco e calçado não suportaram a quantidade de água. A minha bota era impermeável, uma Quéchua NH500 e o casaco Quéchua também, 100% impermeável. Contudo, meus pés ficaram úmidos (entrou água), o meu casaco também não aguentou, além dos pés, o meu corpo também estava molhado, congelando (entrou água).

Decidi parar e pegar a parte de dentro que servia para esquentar e, assim, consegui vencer a umidade e a friagem. Todos nós tivemos algum problema com relação a roupas e calçados comprados para proteção contra a chuva. Não foi nada fácil. Os caminhantes, exceto eu, reclamavam de dores musculares e de cansaço extremo. Eu estava muito feliz e radiante, nada poderia arrefecer a graciosidade e o encanto do caminho, nem mesmo meus contratempos. Queria concluir com contentamento aquilo que havia começado.

Estive no caminho há dois anos, e o que mudara nele? Nada! Eu mudei, o meu estado mudou. Ganhei mais vigor, autocontrole, visão positiva, fisiologia de força e poder, eu simplesmente estava mais "feliz e disposta". O cansaço fazia parte, deveria ser natural para todos nós depois de alguns dias de pura andança. Naquele momento, tudo que precisávamos era de fato vencer as nossas próprias limitações com consciência e determinação.

Independentemente da chuva, do frio, das subidas, da solidão, das dores físicas, o "caminho" é reconfortante! Esse trecho é maravilhoso, após atravessar o vale do poético Rio Sar, depois o Santuário d'a Escravitude, chegamos ao Alto do Milladoiro – o "humilhadoiro", isto é, onde os peregrinos se "humilhavam" ou ajoelhavam ao ver pela primeira vez a catedral.

Enfim, chegamos a Milladoiro! Era final de tarde quando conseguimos encontrar o endereço do Hostel da Marga. Toda Milladoiro estava deserta, tudo fechado. Mas, para nossa sorte enquanto aguardávamos a Marga, em frente ao edifício havia uma *carniceria* (açougue/mercearia) onde pedimos permissão para entrar um a um e fazer compras para o jantar e café da manhã.

Eu não pensei duas vezes, peguei aquele pão enorme que estava em cima de uma bancada, ao lado de um senhor espanhol que inspirava alguns cuidados de higiene. Peguei café, sardinhas, queijo, leite e guloseimas para a sobremesa. Estávamos todos varados de fome e cansados.

A "Marga", proprietária do Hostel "Cruxa Apartments" onde pernoitamos, logo chegou. Tirou-nos do frio e nos levou ao apartamento, apresentando-nos todas as acomodações e nos deixando à vontade para usar o que fosse necessário. O apartamento era perfeito para o nosso bem-estar, e por aquela noite pagamos 75 euros, o equivalente a 412,5 reais, moeda brasileira à época.

Ficamos muito felizes e gratos. Era um espaço muito bonito e agradável: colchões, travesseiros e roupas de cama de extrema qualidade e impecáveis.

Toda gratidão ao momento e à Senhora "Marga", por toda sua gentileza, dedicação e respeito aos seus hóspedes.

Logo depois de uma boa prosa, falamos sobre o caminho e os obstáculos, enquanto preparávamos um lanche. Após matar a fome, fomos para os quartos, tomar banho e depois aproveitamos para descansar até o jantar.

Enquanto isso, o mundo parava, tudo estava fora do eixo. O "coronavírus", por conta do estado de pandemia [11], era propagado pelos noticiários televisivos de todo o mundo.

O novo "coronavírus", segundo relatos, apareceu pela primeira vez na China em 2019, e é responsável pelo surgimento de uma infecção respiratória grave, conhecida como COVID-19, que varia desde uma simples gripe até uma pneumonia, comprometendo as vias respiratórias.

A pandemia vem causando milhões de mortes por todo o mundo, interferindo na política e na economia, causando desconfortos, isolamento social, desequilíbrio e mal estar entre os governos das nações.

À noite, compramos pizza, e nos alimentamos. Conversamos sobre os últimos acontecimentos e fizemos contato com os nossos familiares no Brasil. Todos estavam em pânico e preocupados conosco. Acredito tê-los tranquilizado.

---
[11] Enfermidade epidêmica amplamente disseminada.

Sobre a cidade. O Milladoiro é uma aldeia espanhola, situada na paróquia de Viduido, no município de Ames, na província de La Corunha, na Galícia.

Existem várias teorias sobre o nome da aldeia. A mais comum conta que o nome lembra que esse era o último povoado antes de chegar a Santiago pelo Caminho Português.

Era o lugar onde os peregrinos se humilhavam, se ajoelhavam, ao ver a catedral pela primeira vez, era um "humilladoiro" (lugar de humilhação). E também era um lugar emblemático, um marco da cidade. Outra teoria adverte sobre a possibilidade de que o "milladoiro" seja uma deformação de o "miradoiro", que na língua local, o "gallego", se traduz como o "mirador".

Por sua geografia, "O Milladoiro" conta com uma grande altitude que, de um ponto, é possível avistar a Catedral de Santiago e grande parte da cidade. Por essa razão, tem também a possibilidade da designação de um "mirador".

Seguiremos, então, o caminho após uma noite confortável, de sono reparador, e de muita paz. Era preciso acordar e preparar-se para seguir adiante.

A chuva e o frio continuavam. Faríamos os últimos 5 quilômetros do caminho até Santiago. Faltava pouco! Eram 8 horas da manhã, mochila nas costas, e todos os apetrechos adequados para enfrentar os desafios do caminho. Os registros foram poucos tendo em vista o mau tempo.

Caminhamos (...)

A formosura inesgotável do percurso, a natureza carregada de generosidade, a história sendo contada nas pedras, nas setas do caminho que nos guia do início ao fim (...) Em suma, todo esse contexto me colo-

Livre, rico e feliz

cava em estado de força, poder, felicidade, gratidão, introspecção, contemplação, vitória e plenitude (...) Eu vibrava e seguia a passos largos.

A chuva continuava, as subidas eram desafiadoras, a paisagem um quadro de pura contemplação, e eu encantada, superando as minhas limitações físicas, marchava decidida rumo a Santiago.

O grupo também seguia a passos largos, todos introspectivos e desafiados por seus próprios limites...

O trecho estava completamente desprovido de auxílio ao peregrino. Fomos os únicos e últimos a passar por ali, na condição de peregrinos, naquele dia.

Trechos entre Milladoiro e Santiago - A natureza que encanta.

Edna Souza

A caminhada fora contínua, sem água, cafés, paradas, banhos, lamentos ou comentários. A nossa fisiologia era a nossa comunicação mais precisa.

Chegando à entrada de Santiago, optamos por percorrer o Caminho de Santa Marta para acessar a catedral. Subimos rua adentro e tudo que víamos eram casas de portas e janelas fechadas, ruas desertas, a chuva que caía sem parar e nós em meio a tudo isso.

Fizemos um trajeto muito acidentado por sinal. Eram 9 horas e 30 minutos quando chegamos, horário registrado na foto que tiramos, em frente à Catedral. Na praça, havia apenas o nosso grupo, ninguém mais.

Santiago de Compostela – Em tempos de COVID-19.

Após reverenciar a Santiago e agradecer por todo o trajeto e por toda a nossa persistência, coragem e determinação, emocionados, nos abraçamos e juntos oramos o "Pai Nosso". Ali, demos conta de que fôramos os únicos a persistir em fazer o "Caminho Português" em meio ao estado de pandemia, sem, em momento algum, pensar em desistir.

O sentimento era de realização e gratidão! Mas, e agora a "compostela"!? Como o "mundo" parou, a "compostela" também havia parado. Naquele momento, tivemos que lidar com a primeira frustração significativa. Para alívio do grupo, ao sair do Brasil, tínhamos todas as reservas confirmadas e pagas inclusive a de Santiago.

Saímos da Catedral e caminhamos cerca de 15 minutos por ruas completamente desertas. Dez horas em ponto adentramos no apartamento e nos alojamos de forma ainda tranquila. Parte do grupo não conhecia Santiago, então não fazia ideia da sua graça em dias normais. Visitei Santiago em outras épocas, e todas as lembranças que tenho é de uma Santiago viva, recebendo todas as nações do mundo.

Sobre a cidade, Santiago de Compostela (ou São Tiago de Compostela em português) é uma cidade e município (*concello* em galego) no noroeste da Espanha. É capital da comunidade autônoma da Galícia e faz parte da província da Corunha e da comarca de Santiago. O município tem 220 quilômetros de área, e em 2016 tinha 95 966 habitantes (densidade de: 436,2 habitantes por quilômetro quadrado).

É uma cidade internacionalmente famosa, sendo um dos destinos de peregrinação cristã mais importantes do mundo, cuja popularidade possivelmente só é superada por Roma e Jerusalém.

Ligada a essa tradição, que remonta à fundação da cidade no século IX, destaca-se a Catedral de Santiago, de fachada barroca, que alberga o túmulo de Santiago Maior, um dos apóstolos de Jesus Cristo. A visita a esse túmulo marca o fim da peregrinação, cujos percursos, os chamados Caminhos de Santiago ou Via Láctea, se estendem por toda a Europa Ocidental ao longo de milhares de quilômetros. Desde 1985, o seu centro histórico (cidade velha) está incluído na lista de Patrimônio Mundial da Organização das Nações Unidas para a Educação, a Ciência e a Cultura (UNESCO). Em 1993, fora também incluído nessa lista o Caminho de Santiago, que já tinha sido classificado como o primeiro itinerário cultural europeu pelo Conselho da Europa em 1987. Recebeu o título como uma das capitais europeias da cultura em 2000.

Situa-se 70 quilômetros ao sul da Corunha, 65 quilômetros ao norte de Pontevedra, 100 quilômetros a noroeste de Ourense e 115 quilômetros ao norte da fronteira portuguesa de Valença.

Como capital da Galícia, ali está sediado o governo (Junta da Galícia) e o Parlamento Regional Galego. É também uma importante cidade universitária, pela sua universidade, fundada em 1495.

A cidade espanhola de Santiago de Compostela é um lugar bonito, tranquilo e com muitos atrativos, mas seria só mais uma das muitas cidades históricas importantes da Península Ibérica[12]. É possível dizer que Santiago é diferente de qualquer outra cidade do mundo.

Não é apenas um ponto turístico comum, é o destino final de uma das maiores rotas de peregrinação cristã do mundo: o Caminho de Santiago.

Há quem faça o caminho desde o início da rota, que começa na França, e percorre mais de 800 quilômetros até Santiago de Compostela. Outros, como nós, fazem caminhos mais curtos pelo País Basco, ao norte da Espanha. Para todas as rotas, o destino sempre será o mesmo – essa bonita e curiosa cidade cercada de espiritualidade e energia.

---

12 A Península Ibérica está situada no sudoeste da Europa. É dividida na sua maior parte por Portugal e Espanha, mas também por Andorra, Gibraltar, e pequenas frações do território de soberania francesa nas vertentes ocidentais e norte dos Pirenéus, até ao local onde o istmo está situado. Fonte: https://www.google.com.br/search.

Os peregrinos não são apenas religiosos – muitos, assim como eu, realizam a viagem por razões de autoconhecimento e motivação pessoal.

Ao longo da rota, seja ela qual for, o peregrino pode fazer *"check-ins"*, nas mais diversas cidades, ganhando carimbos em suas credenciais. O meu grupo e eu optamos pelo Caminho Português, esse é um dos menos populares e cruza a Espanha de norte a sul. De qualquer forma, o destino será o mesmo.

O que há de encantador nessa cidade que atrai gente do mundo inteiro? – É fácil afirmar que Compostela é uma cidade histórica em excelente estado de conservação.

Lá, você irá encontrar muitos monumentos e, para os mais religiosos, a tumba do apóstolo Santiago Maior. Essa é a razão de toda história da peregrinação.

A título de conhecimento, a Catedral de Santiago é um dos templos católicos mais antigos e imponentes da Espanha. Foi construída entre os anos 1075 e 1128.

Possui arquitetura românica, característica da época das primeiras cruzadas e de um tempo no qual a influência romana ainda era acentuada na Santa Sé.

A catedral passou por algumas reformas ao longo dos séculos, com isso o seu interior ganhou alguns elementos góticos e barrocos.

Ao redor da Catedral, há um belo conjunto de edificações, à esquerda, o Palácio de Gelmirez, e à direita o Museu Catedralício, onde todas as histórias do templo e do apóstolo podem ser vistas e apreciadas por visitantes. O Botafumeiro de Compostela também talvez seja o mais renomado turíbulo do mundo.

Foi instalado em 1604 e segue intacto. A peça pesa cerca de 80 quilos e foi trabalhada em ouro e prata no ano de 1851, e exala uma quantidade enorme de fumaça. Para tornar mais fácil a compreensão, o turíbulo é geralmente um incensário pequeno usado em cerimônias católicas. Já o Botafumeiro é grande e imponente.

Os milhares de peregrinos que chegam à cidade se encontram na Praça do Obradoiro. Esse local, além de enorme, tem uma vista da Catedral. A praça também abriga o Pazo de Raxoi. Um prédio sede do governo da Galícia, região da qual Santiago de Compostela é a capital.

Os visitantes podem explorar a cidade a partir do Centro Histórico e encontrar diversos edifícios interessantes e muitos templos históricos.

Curiosidades sobre o Caminho de Santiago de Compostela:

1. São Tiago ou Tiago Maior, como apóstolo próximo de Jesus Cristo, tinha a missão de espalhar pelo mundo a grandiosidade de Jesus e o quanto a fé é generosa e benevolente.

2. Registros históricos contam que as rotas do Caminho de Santiago já eram percorridas desde o século IX, quando diversos peregrinos iam ao encontro das relíquias e do sepulcro do apóstolo São Tiago.

3. O Caminho de Santiago tem esse nome porque, nos primórdios do catolicismo, por volta de seis anos após a crucificação de Jesus Cristo, São Tiago viajou para a Península Ibérica, onde espalhou o Evangelho por toda a Galícia.

4. São Tiago morreu sob a culpa de espalhar o evangelho nazareno, e foi condenado à decapitação por ordem de Herodes, um rei de Jerusalém.

5. Santiago de Compostela é um dos mais importantes centros de peregrinação cristã do mundo, depois de Jerusalém e Roma.

6. O Caminho de Santiago é considerado um itinerário indispensável

para pessoas que estão em busca de autoconhecimento e da elevação espiritual. Em 1993, foi decretado como Patrimônio da Humanidade, na Espanha, e no ano de 1998 na França.

7. A Catedral de Santiago de Compostela foi construída entre os anos de 1075 a 1128, em estilo românico, no local onde foram encontradas as relíquias de São Tiago.

8. O botafumeiro (incensário) que fica no interior da Catedral de Santiago de Compostela é símbolo de purificação espiritual.

9. A tradição do abraço ao apóstolo é dos mais emocionantes e antigos rituais jacobeus. A estátua de São Tiago, que está sobre a cripta que contém as suas relíquias, no altar-mor da Catedral, é abraçada pelos peregrinos desde 1211. Esse ritual permite a aproximação física com o apóstolo.

10. Não existe apenas um, mas mais de cem caminhos oficiais que levam a Santiago de Compostela. O mais popular é o Caminho Francês, que começa nos Pirineus (cadeia de montanhas entra França e Espanha) e atravessa as províncias espanholas de Navarra, La Rioja, Aragão, Leão e Castela e Galícia.

11. As rotas do Caminho de Santiago são inteiramente sinalizadas com setas amarelas pintadas em placas, paredes e pedras. Elas foram criadas entre as décadas de 1950 e 1980 e orientam os peregrinos que fazem o caminho sem mapa.

12. As setas amarelas que unificam os Caminhos de Santiago, e que se transformaram num ícone universal, começaram a ser pintadas na década de 1980 por Elías Valiña, padre de O Cebreiro, primeira localidade galega do Caminho Francês, e Andrés Muñoz, Presidente da Associação de Amigos do Caminho de Navarra.

13. Diversas associações de amigos do caminho trabalham para preservar e melhorar a sinalização em suas respectivas zonas de influência.
14. A Vieira ou Concha de Santiago é um dos símbolos do Caminho de Santiago e representa a presença do apóstolo.
15. A Cruz de Santiago é uma cruz latina simulando um lírio em forma de espada. Acredita-se que tenha tido origem no tempo das cruzadas, quando os cavaleiros usavam pequenas cruzes com a parte inferior afiada para pregá-las no chão e realizar devoções diárias. A espada representa o caráter nobre de São Tiago e o modo como foi martirizado, decapitado por uma espada.
16. O certificado de peregrinação, concedido pela Igreja Católica, é chamado de Compostela ou Compostelana. Para recebê-lo, o peregrino deve caminhar, pelo menos, 100 quilômetros a pé ou 200 quilômetros de bicicleta.
17. Acredita-se que todos os peregrinos que caminham pelo mesmo trajeto do discípulo são perdoados pelos seus pecados.
18. Os anos, em que se registra o maior número de peregrinos no Caminho, são os chamados Anos Compostelanos, quando o dia de São Tiago (celebrado em 25 de julho) cai num domingo. O último foi em 2010 e o próximo será em 2021. Peregrinos que realizarem seus caminhos, orarem e comungarem nesses anos recebe da igreja indulgência completa de seus pecados.
19. Os períodos mais procurados para a peregrinação são os meses de maio e junho e setembro a outubro.
20. A popularidade do Caminho de Santiago fez ressurgir um vilarejo. A Cidade de Foncebadón, em León, localizada pouco antes de chegar à Cruz de Hierro deixou de ser um vilarejo abandonado e em ruínas

para se consolidar, de fato, em um local de parada de peregrinos. Além de casas restauradas, Foncebadón possui restaurantes e diversos estabelecimentos de hospedagem, como albergue e hostel.

Enquanto o mundo parava, nós caminhávamos... Quem parou o Caminho e o mundo? – O "coronavírus", ou ainda a Covid-19, que acomete os povos de todo o mundo. Uma doença infecciosa que causa febre, cansaço, tosse seca e dificuldades respiratórias.

Quando as televisões do mundo inteiro teciam comentários sobre o grande vilão matador.

As grandes potências se rendiam ao caos, e reconheciam as fragilidades do mundo, pois tinham poder para lutar entre si, mas enfraqueciam diante do inimigo minúsculo e invisível.

Pelo menos 57% dos povos em todo o planeta, ricos e pobres, usavam os mesmos adereços para se proteger da contaminação pelo vírus. Máscaras e o álcool em gel passavam a ter valor inestimável.

Um vírus muda a história do planeta, mostra aos povos sua fragilidade, evidencia que, hoje, o mundo, que sonha dominar outros mundos, não consegue controlar uma partícula de contaminação.

Os números de mortes apresentados ao redor do globo são, sem dúvida, alarmantes. Contudo, acredito que seja importante atentar-se para as notícias, ao que é de fato verdade, e para aquilo que pode ser uma mentira, ou exagero. É preciso encontrar equilíbrio para conservar a saúde emocional em tempos de pandemia.

O mundo enfrenta o isolamento social, o destempero das autoridades, a quebra de centenas de empresas ao redor de todas as nações, as políticas enfraquecem, as relações de trabalhos frágeis se reinventam, a economia entra em colapso, a mídia televisiva e de redes sociais contribuem drasticamente para aumentar o caos existente. As pessoas de todos os países, obrigadas ao confinamento, consomem essas informações. Presas em seus lares, e guiadas pelo mundo externo, entraram para o estado de isolamento preventivo.

Enquanto o vilão e aterrorizador vírus tomava proporção, eu e meu grupo estávamos presos em nós mesmos, experienciando os nossos limites, usando os nossos sentidos para vivenciar o melhor do ambiente e o máximo de nós mesmos.

Ficamos seis dias confinados na cidade de Santiago de Compostela, após completar o Caminho Português. A viagem se encerrou no confinamento do "Little Penas Apartments", na Praça das Penas, Centro Histórico de Santiago ao custo de 315 euros pela estadia, o equivalente a 1.732,5 reais, moeda brasileira à época.

"Faça o que pode, com o que tem, onde estiver."
(Theodore Roosevelt)

As frustrações deveriam ser controladas, afinal de contas, Finisterra, Madri e Toledo seriam as nossas próximas paradas. Desfrutaríamos dos encantos e da magia daqueles lugares.

Eu adoraria a oportunidade para matar saudades e reviver lembranças maravilhosas. Para o restante do grupo, o desejo era de experimentar a doce sensação de pisar em terras desconhecidas e viver as suas experiências de mundo em meio à história milenar cultivada por aqueles povos.

Confinados no "Little Penas", conduzi minha mente ao meu melhor recurso: me fortaleci na crença de que tudo ficaria bem, ainda que limitados pelas circunstâncias, sabia que teríamos todas as necessidades básicas atendidas e que, sobretudo, voltaríamos em paz para casa.

Apenas um entre nós não se conformava com a situação, ou

seja, com a pandemia e o confinamento coercitivo e emergencial imposto pela comunidade espanhola, com a frustração de um planejamento que não dera certo.

Nesses seis dias, convivemos em um apartamento de dois quartos, saíamos de dois em dois, para ir à farmácia ou ao supermercado, aqueles eram os únicos lugares que poderiam ser frequentados em quase todos os lugares do mundo.

As ruas desertas, a polícia nas ruas, as poucas pessoas que apareciam em uma sacada estavam de máscaras e gritando desesperadas para que saísse da rua. Foi difícil vivenciar aquela situação.

Apesar dos noticiários, e de estarmos diante de algo terrivelmente assustador, mantivemos a calma e aproveitamos o nosso estado de controle emocional para focar no retorno para casa.

Durante aquela estada em Santiago, fomos até o aeroporto confirmar os voos de volta ao Brasil, no *check-in* da Air Europa, e na volta fomos à rodoviária para adquirir os tíquetes de transporte rodoviário até Madri.

Enquanto isso, no Brasil, nossos familiares estavam muito preocupados. O que nos diferia deles era que nós não víamos televisão. Acompanhávamos uma notícia ou outra para nos orientar por *internet* e nada mais. Um de nós sofria com o inconformismo acerca do isolamento. Mas era só isso.

O dia 22 de março chegou e, com ele, a hora de partir, conforme o prévio planejamento.

Saímos do apartamento por volta do meio-dia e meio e fomos para a deserta Rodoviária de Santiago, onde permanecemos até às 21 horas e 45 minutos, horário de partida, rumo ao Aeroporto de Barajas-Madrid.

Enquanto esperávamos, lanchamos e conversamos a distância de dois metros um do outro, aquela era a condição. Usamos os banhos e o *wi-fi* aberto para todos. Como dica: é um bom lugar para o peregrino se localizar ao chegar à cidade.

Enfim, o ônibus estacionava e arrancava no horário previsto. Lá fomos nós! Mais uma etapa a percorrer. Fizemos uma viagem tranquila. O transporte oferecia todas as comodidades e nós aproveitamos para dormir.

No dia 23 de março de 2020, às 6 horas da manhã, desembarcamos no terminal 1 do Aeroporto de Barajas, acessamos um ônibus até o terminal 4 de onde partiria o voo às 23 horas e 50 minutos.

Barajas é um dos maiores aeroportos da Europa e, para espanto, naquele dia só havia quatro voos internacionais. Ficamos ali o dia inteiro e não contávamos mais do que 150 pessoas naquele complexo.

Seguranças abordavam os passageiros para saber aonde iam e o que estavam fazendo ali. Parece piada, mas era a realidade. De fato, aquela era uma abordagem de segurança para conter a Covid-19. Sem dúvida que sim! Mas a impressão que se tinha era a de certo exagero.

Ora, o que faria alguém com bagagens, em um aeroporto deserto, sem nada para fazer, senão estar aguardando o seu voo? Imagino que o momento exigia que as pessoas se antecipassem para chegar aos seus destinos, tendo em vista a escassez de transportes. Naquele momento, o caos já estava instaurado no mundo.

Enquanto esperávamos o horário da partida chegar, aproveitávamos para manter a distância segura, de dois metros um do outro, tomar café e comer lanches, tirados das máquinas eletrônicas disponíveis por ali. Era hora de torrar os últimos cêntimos de euros!

Finalmente, chegava a hora de voltar para casa. Chegava o momento de embarcar, e lá fomos nós felizes da vida, por voltar em paz e em segurança para casa. O mundo estava em colapso!

Fizemos uma longa e gostosa viagem. "Gostosa" porque, naquele voo de regresso, todos foram tratados como clientes "Very Important

Person" (VIPs), ocupando a primeira classe do avião, inclusive com o tratamento de bordo correspondente.

Todos puderam dormir confortavelmente usando as poltronas diferenciadas. Era uma aeronave gigante carregando um punhado de pessoas. E eu era uma delas!

A aeronave que nos transportou, pousou de forma segura às 6 horas e 30 minutos do dia 24 de março no Aeroporto Internacional de São Paulo – Guarulhos "Governador André Franco Montoro".

Havia bastante gente no aeroporto e o comércio local estava aberto. Ainda era possível sentar à mesa juntos, tomar o café da manhã e conversar com tranquilidade.

Então, fizemos a refeição da manhã e, na sequência, providenciamos as passagens para Santos, sem qualquer transtorno. Chegamos em casa sãos e salvos, graças a Deus!

Ao final desse mesmo dia, o Brasil também aderiu, por completo, à quarentena, decretando estado de pandemia.

Este pequeno exemplar fora escrito a partir das anotações do meu diário, das minhas experiências de grupo e pessoais, aliadas a algumas pesquisas de cunho histórico e regional, enquanto o mundo inteiro parava...

Eu tive a possibilidade de fruir livremente as minhas decisões, me imbuí de riquezas interiores e me fiz feliz ignorando aquilo que não posso controlar.

Em tempos de pandemia, eu decidi viver, escrever, investir, produzir, contribuir, conviver, insistir e até resistir. E é nesse dinamismo que me sinto livre, rica e feliz.

Convido você a refletir sobre a sua produção em tempos de isolamento social.

Você contou "estorinhas"? Ficou "paralisado" diante da situação? Focou no "medo"? Ou, enquanto isso, você optou por investir no seu "autodesenvolvimento"?

Seja qual for a sua realidade ou a sua motivação, mesmo em tempos de pandemia, você também pode ignorar o que não pode controlar e, quando o mundo voltar a girar na chave certa, será o protagonista da sua própria história e terá criado a sua própria sorte.

"O encontro da preparação com a oportunidade gera o rebento que chamamos sorte."
(Tony Robbins)

Algumas dicas ao viajante:

1. Se for viajar em grupo, combine as regras (é barato e evita ulteriores desconfortos);

2. Evite ultrapassar seis quilos em suas mochilas (a mala que você leva é o peso que carrega!);

3. Evite pedir o cardápio no *breakfast*, quando você pretende apenas ter o trivial: café com leite e pão com manteiga;

4. Conviver com o grupo exige paciência (se a paciência inexiste, evite os aborrecimentos);

5. Nos albergues, evite permanecer horas no banheiro. Respeite a necessidade das demais pessoas (você está em regime de acampamento);

6. Quando estiver em grupo, a regra número um deve ser a pontualidade (os atrasos podem atrapalhar a organização do grupo);

7. Os albergues estabelecem horários de entrada e permanência: cumpra com responsabilidade os horários, inclusive o da saída (*check-out*);

8. Seja prático, monte um *kit* de higiene funcional e diminuto, afinal você caminhará como peregrino (a modéstia é a alma do negócio);

9. Use técnicas fisiológicas para combater o cansaço e gerar disposição;

10. Aproveite a beleza do caminho, para mergulhar no seu "EU" interior;

11. Foco é a chave do sucesso para tudo na vida. Use o foco ao percorrer o caminho;

12. O seu estado pode ser modificado, então aproveite a oportunidade para se colocar no estado de paz, de amor, de poder e de desenvolvimento pessoal;

13. A frustração é uma inimiga poderosa até você aprender a superá-la. Se aparecer no caminho, supere-a;

14. O medo é tão ruim quanto o êxtase, caso apareçam, controle-os;

15. Ao adquirir calçados e vestimentas cem por cento impermeáveis, teste-os antes (evite surpresas desagradáveis);

16. Todos os albergues possuem sistema de calefação, você pode diminuir o peso da mochila substituindo o *sleeping bag* por uma manta.

Sobre a autora

Maria Edna de Souza

- ✓ Gestora educacional há 22 anos;
- ✓ Palestrante e ministrante;
- ✓ Graduação em Pedagogia, bacharel em Administração de Empresas. Especialista em Gestão de Pessoas e Psicologia Organizacional, com formação em *Coaching* Integral Sistêmico pela FEBRACIS. Atua como *Life Coach*. É ministrante oficial do curso "O Poder da Ação", e contribui de forma positiva e impactante na vida de muitas pessoas por meio de cursos, palestras, seminários e atendimentos;
- ✓ Construiu a sua marca quando idealizou e fundou o Instituto de Assistência à Criança Professora Edna Souza, na cidade de Santos, de onde vem a sua vasta experiência em Gestão e Liderança;
- ✓ Escreveu como coautora o livro "Mulheres impressionantes"; – Editora Escala - Coleção Sociedade Mundial de Coaching.

- ✓ É uma mulher que aprecia conhecer e vivenciar outras culturas, por essa razão viaja constantemente a outros países. E, nesse dinamismo, se constitui plena, dinâmica e realizada;
- ✓ Aprecia empreender, viajar, ler, escrever, trabalhar, fazer nada, sorrir, conviver, viver etc.